AF192977

SEAD025PO / FCOS02

BÁSICO DE GESTIÓN DE LA PREVENCIÓN DE RIESGOS LABORALES

SEAD025PO / FCOS02

BÁSICO DE GESTIÓN DE LA PREVENCIÓN DE RIESGOS LABORALES

Elsa Rubio Duce

La ley prohíbe
fotocopiar este libro

SEAD025PO / FCOS02 - BÁSICO DE GESTIÓN DE LA PREVENCIÓN DE RIESGOS LABORALES
Thema: LNHH Prevención de riesgos laborales
Bisac: LAW054000
© Elsa Rubio Duce
© De la edición: Ra-Ma 2025

Editado por:
RA-MA Editorial
Calle Jarama, 3A, Polígono Industrial Igarsa
28860 PARACUELLOS DE JARAMA, Madrid
Teléfono: 91 658 42 80
Fax: 91 662 81 39
Correo electrónico: *info@grupoeditorialrama.com*
Internet: *www.ra-ma.es* y *www.ra-ma.com*
ISBN: 979-13-8764-230-3
Depósito legal: M-4401-2025
Maquetación: Antonio García Tomé
Diseño de portada: Antonio García Tomé
Filmación e impresión: Safekat
Impreso en España en febrero de 2025

A Beatriz, compañera de todo.
Elsa Rubio Duce

ÍNDICE

SOBRE LA AUTORA 11

INTRODUCCIÓN 13

VISIÓN GENERAL DEL CONTENIDO 14

Módulo 1: seguridad y salud en el trabajo 14

Módulo 2: evaluación de riesgos 14

Módulo 3: gestión de la prevención de riesgos laborales 14

Módulo 4: elementos básicos de primeros auxilios 14

Módulo 5: riesgos específicos y su prevención en el sector correspondiente 15

CAPÍTULO 1. SEGURIDAD Y SALUD EN EL TRABAJO 17

1.1 IDENTIFICACIÓN DE LOS CONCEPTOS DE SEGURIDAD
Y SALUD EN EL TRABAJO 17

    1.1.1 Trabajo y la salud (riesgos profesionales y factores de riesgo) 17

1.2 DAÑOS DERIVADOS DEL TRABAJO (LOS ACCIDENTES DE
TRABAJO Y LAS ENFERMEDADES PROFESIONALES) 22

1.3 OTRAS PATOLOGÍAS DERIVADAS DEL TRABAJO 27

1.4 MARCO NORMATIVO BÁSICO EN MATERIA DE PREVENCIÓN DE
RIESGOS LABORALES 34

1.5 DERECHOS Y DEBERES BÁSICOS EN MATERIA PREVENTIVA 39

1.6 PRUEBA DE AUTOEVALUACIÓN 43

CAPÍTULO 2. EVALUACIÓN DE RIESGOS **47**

   2.1   DIFERENCIACIÓN DE RIESGOS GENERALES Y SU PREVENCIÓN 47

       2.1.1   Evaluación de riesgos 49

       2.1.2   Gestión de las condiciones de seguridad 51

       2.1.3   Interpretacción de riesgos del medio ambiente de trabajo 53

       2.1.4   Análisis a la carga de trabajo, fatiga e insatisfacción laboral 58

   2.2   IDENTIFICACIÓN DE LOS SISTEMAS ELEMENTALES DE CONTROL DE RIESGOS 63

       2.2.1   Aplicación de los medios de protección colectiva 64

       2.2.2   Manipulación de equipos de protección individual 70

       2.2.3   Señalización de seguridad 77

   2.3   PRUEBA DE AUTOEVALUACIÓN 83

CAPÍTULO 3. GESTIÓN DE LA PREVENCIÓN DE RIESGOS LABORALES **87**

   3.1   INTRODUCCIÓN A LA GESTIÓN DE LA PREVENCIÓN 87

       3.1.1   Organismos públicos relacionados con la Seguridad y Salud en el Trabajo 89

       3.1.2   Organización del trabajo preventivo. Rutinas básicas 94

       3.1.3   Documentación (recogida, elaboración y archivo) 96

   3.2   ESTIÓN DE LA PREVENCIÓN DE RIESGOS LABORALES 99

       3.2.1   Representación de los trabajadores 101

       3.2.2   Coordinación de actividades empresariales 103

       3.2.3   Descripción del recurso preventivo 106

       3.2.4   Clasificación de los organismos públicos 109

       3.2.5   Representación de rutinas básicas 111

   3.3   PRUEBA DE AUTOEVALUACIÓN 115

CAPÍTULO 4. ELEMENTOS BÁSICOS DE PRIMEROS AUXILIOS **119**

   4.1   ANÁLISIS PRIMEROS AUXILIOS Y SALUD 119

       4.1.1   Procedimiento general RCP-CAB 122

       4.1.2   Control de salud 126

   4.2   ACTUACIÓN DE EMERGENCIA Y EVACUACIÓN 130

       4.2.1   Emergencias y evacuación 132

       4.2.2   Plan de autoprotección 135

   4.3   PRUEBA DE AUTOEVALUACIÓN 140

CAPÍTULO 5. RIESGOS ESPECÍFICOS Y SU PREVENCIÓN EN EL SECTOR CORRESPONDIENTE A LA ACTIVIDAD DE LA EMPRESA **145**

   5.1   IDENTIFICACIÓN DE LOS RIESGOS ESPECÍFICOS DEL SECTOR DE LA EMPRESA 145

       5.1.1   Ligados a las condiciones de seguridad 147

       5.1.2   Ligados al medio ambiente de trabajo 152

       5.1.3   Distinción de otros riesgos 154

5.2   APLICACIÓN DE MEDIDAS PREVENTIVAS ESPECIFICAS DEL
       SECTOR DE LA EMPRESA...156
       5.2.1   Protección colectiva 156
       5.2.2   Protección individual (Equipos de Protección Individual)...................158
5.3   PRUEBA DE AUTOEVALUACIÓN 161

RESUMEN...**165**

GLOSARIO..**169**

CUESTIONARIO FINAL..**173**

SOBRE LA AUTORA

ELSA RUBIO DUCE

Graduada en Antropología Social y Cultural y con una pasión innata por la redacción y creación de contenido. Profesional autónoma especializada en la gestión de proyectos editoriales y el desarrollo de contenido formativo, con una amplia experiencia en tecnologías educativas y desarrollo web. Actualmente, colabora con diversas editoriales. Su dominio abarca el manejo de herramientas de IA como ChatGPT 4.0, Copilot, Perplexity, Gemini y Midjourney. Posee experiencia en lenguajes de programación como HTML5, CSS3 y JavaScript.

INTRODUCCIÓN

La Prevención de Riesgos Laborales constituye un conjunto de acciones diseñadas para minimizar los riesgos que puedan afectar la salud y la seguridad de los trabajadores durante el desarrollo de su actividad profesional. Estas acciones se sustentan en un marco legal que define derechos y obligaciones tanto para empresarios como para empleados, buscando crear ambientes laborales más seguros. Este manual está diseñado para proporcionar una formación básica en dicha área, ajustándose a la normativa vigente y abarcando los principios generales de prevención, así como aspectos específicos para distintos sectores.

Esta obra tiene como objetivo sensibilizar a los trabajadores sobre la importancia de adoptar comportamientos seguros en el lugar de trabajo, brindándoles las herramientas necesarias para identificar los riesgos más comunes y las medidas preventivas más adecuadas para evitarlos. Asimismo, se abordarán los mecanismos de gestión de la prevención, garantizando que los procesos se desarrollen con las condiciones de seguridad adecuadas y conformes a la ley.

Al finalizar este libro, se espera que los lectores cuenten con los conocimientos y habilidades fundamentales para identificar riesgos, aplicar medidas preventivas y, en caso necesario, colaborar en la gestión de situaciones de emergencia y primeros auxilios.

VISIÓN GENERAL DEL CONTENIDO

Este manual está estructurado en cinco módulos, cada uno diseñado para profundizar en aspectos clave de la Prevención de Riesgos Laborales:

Módulo 1: seguridad y salud en el trabajo

En este primer módulo se explican los conceptos básicos sobre seguridad y salud en el entorno laboral. Se analizarán los riesgos profesionales, los daños derivados del trabajo y las normativas que rigen la prevención de riesgos laborales, proporcionando una base sólida para entender los derechos y obligaciones en esta materia.

Módulo 2: evaluación de riesgos

Este módulo tiene como finalidad enseñar a los participantes cómo identificar y evaluar los riesgos presentes en el lugar de trabajo. Se presentarán las herramientas para gestionar las condiciones de seguridad, aplicando tanto protección colectiva como individual para mitigar dichos riesgos.

Módulo 3: gestión de la prevención de riesgos laborales

En este módulo se profundiza en la gestión preventiva a nivel empresarial. Se abordan aspectos como la organización del trabajo preventivo, el papel de los organismos públicos en la prevención y la correcta documentación de actividades preventivas, garantizando una aplicación coherente de la normativa.

Módulo 4: elementos básicos de primeros auxilios

Este apartado cubre los conocimientos esenciales en primeros auxilios, emergencia y evacuación. Se incluye la formación en técnicas de reanimación cardiopulmonar (RCP), manejo de desfibriladores y la creación de planes de autoprotección para garantizar la seguridad en casos de emergencia.

Módulo 5: riesgos específicos y su prevención en el sector correspondiente

Finalmente, este módulo aborda los riesgos específicos inherentes a cada sector empresarial, presentando medidas preventivas adaptadas a cada tipo de actividad. Se tratarán tanto los riesgos ligados a las condiciones de seguridad como al ambiente de trabajo, proporcionando herramientas específicas para cada sector.

1

SEGURIDAD Y SALUD EN EL TRABAJO

1.1 IDENTIFICACIÓN DE LOS CONCEPTOS DE SEGURIDAD Y SALUD EN EL TRABAJO

El concepto de **seguridad y salud en el trabajo** se refiere al conjunto de medidas, procesos y herramientas destinados a garantizar que los entornos laborales sean seguros, saludables y libres de riesgos que puedan afectar tanto la integridad física como mental de los trabajadores. Este ámbito, regulado por leyes y normativas específicas, tiene como objetivo no solo evitar accidentes y enfermedades, sino también promover un bienestar integral en el lugar de trabajo.

La **seguridad en el trabajo** abarca todas las acciones preventivas diseñadas para evitar que los empleados sufran daños físicos como resultado de su actividad laboral. Por otro lado, la **salud en el trabajo** incluye las medidas que aseguran que los trabajadores mantengan un buen estado físico y mental, previniendo enfermedades y daños derivados del entorno laboral o del propio trabajo.

1.1.1 Trabajo y la salud (riesgos profesionales y factores de riesgo)

En el contexto laboral, el término **trabajo y salud** está intrínsecamente relacionado con los **riesgos profesionales** y los **factores de riesgo** que pueden surgir en cualquier actividad. La exposición a determinados factores en el entorno laboral puede tener un impacto directo en la salud de los trabajadores.

Los **riesgos profesionales** son aquellos factores que pueden causar **accidentes de trabajo** o **enfermedades profesionales**. Se identifican como peligros específicos en el entorno de trabajo que, si no son gestionados adecuadamente, pueden tener graves consecuencias. Estos riesgos varían según el tipo de actividad, pero pueden clasificarse en categorías generales:

- **Riesgos físicos**: incluyen ruido, vibraciones, temperaturas extremas o radiaciones:

- **Riesgos químicos**: exposición a productos tóxicos, corrosivos o inflamables:

▶ **Riesgos biológicos**: contacto con virus, bacterias o parásitos:

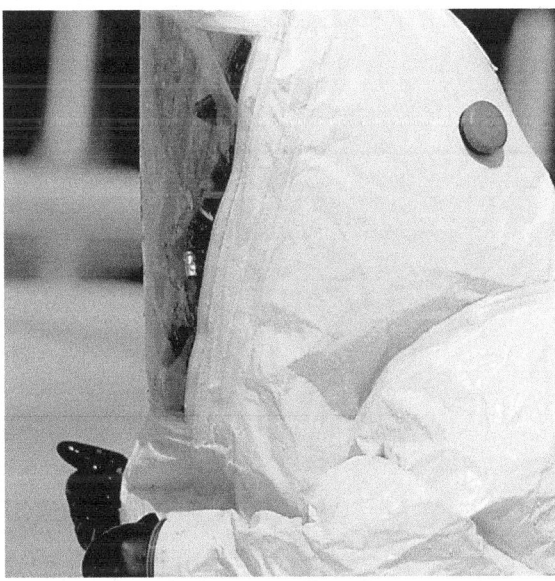

▶ **Riesgos ergonómicos**: movimientos repetitivos, posturas forzadas o el uso incorrecto de herramientas:

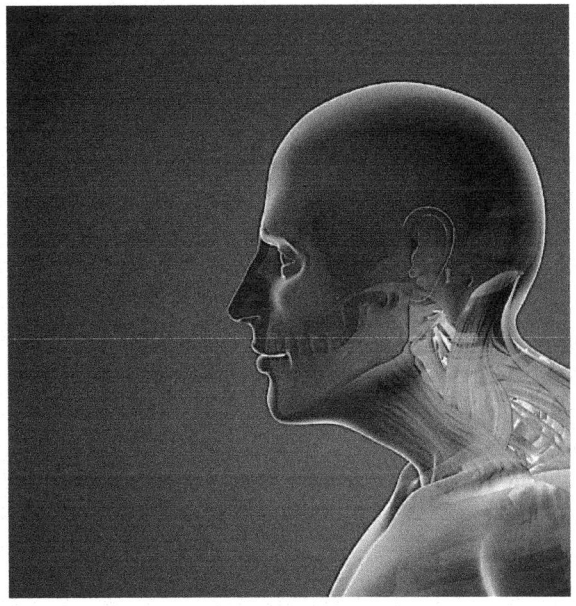

▶ **Riesgos psicosociales**: situaciones de estrés, acoso laboral o carga excesiva de trabajo:

Los riesgos profesionales deben evaluarse periódicamente mediante evaluaciones de riesgo en cada puesto de trabajo. Este proceso permite identificar las amenazas y planificar las medidas preventivas adecuadas para minimizarlos.

Los **factores de riesgo** son aquellas condiciones o circunstancias presentes en el ambiente laboral que aumentan la probabilidad de sufrir un accidente o desarrollar una enfermedad relacionada con el trabajo. Estos factores se pueden clasificar en dos grandes grupos:

▶ **Factores intrínsecos**: relacionados directamente con la naturaleza del trabajo y las herramientas o materiales empleados. Por ejemplo, el manejo de maquinaria pesada o la exposición a sustancias químicas peligrosas.

⚑ **Factores extrínsecos**: externos al trabajador, como las condiciones ambientales del lugar de trabajo (iluminación, ventilación, higiene) o la organización del trabajo (horarios, carga laboral).

Ejemplo

En una fábrica donde los trabajadores manipulan productos químicos peligrosos, uno de los principales factores de riesgo es la exposición directa sin las protecciones adecuadas, como guantes o mascarillas. En este caso, el factor intrínseco es el producto químico, y el factor extrínseco puede ser la falta de ventilación adecuada o la ausencia de equipos de protección personal (EPP).

El impacto de estos riesgos en la salud laboral puede ser significativo si no se gestionan adecuadamente, lo que lleva a **accidentes laborales** o el desarrollo de **enfermedades profesionales**, que se abordarán en detalle en la siguiente sección.

En la siguiente tabla se expone una clasificación de riesgos profesionales y factores de riesgo:

Tipo de riesgo	Ejemplos	Medidas preventivas
Físicos	Ruido, vibraciones, radiación	Protección auditiva, equipos de protección
Químicos	Sustancias tóxicas o inflamables	Uso de guantes, mascarillas, ventilación
Biológicos	Virus, bacterias, parásitos	Higiene, vacunas, desinfección
Ergonómicos	Posturas inadecuadas	Diseño ergonómico de espacios y herramientas
Psicosociales	Estrés, acoso laboral	Asesoría psicológica, gestión de cargas

Con la identificación de los riesgos profesionales y los factores de riesgo, se pueden tomar decisiones informadas para aplicar las medidas preventivas necesarias, lo cual es un pilar fundamental para mejorar las condiciones de trabajo y proteger la salud de los empleados.

1.2 DAÑOS DERIVADOS DEL TRABAJO (LOS ACCIDENTES DE TRABAJO Y LAS ENFERMEDADES PROFESIONALES)

El trabajo no está exento de riesgos que pueden derivar en **daños a la salud** de los trabajadores. Estos daños se manifiestan, principalmente, a través de **accidentes de trabajo** y **enfermedades profesionales**. Ambos son consecuencias directas de una exposición a riesgos laborales y representan un costo humano y económico significativo tanto para los trabajadores como para las empresas.

Un **accidente de trabajo** se define como cualquier suceso repentino y no deseado que ocurre durante el desarrollo de una actividad laboral y que causa una lesión física o mental al trabajador. Estos accidentes pueden ser desde leves hasta fatales, y se relacionan directamente con las condiciones de trabajo o el entorno en el que se desarrolla la actividad laboral.

Las causas de los accidentes laborales se pueden agrupar en tres categorías principales:

1. **Causas materiales**: relacionadas con fallos en las instalaciones, herramientas o equipos. Por ejemplo, una máquina defectuosa o un equipo de protección dañado.

2. **Causas humanas**: vinculadas a la falta de formación o a la inobservancia de las normas de seguridad por parte de los trabajadores. También pueden incluir la fatiga o el estrés, que aumentan la probabilidad de errores.

3. **Causas organizativas**: derivadas de una planificación inadecuada de la seguridad, la ausencia de evaluaciones de riesgos o la falta de implementación de medidas preventivas adecuadas.

Ejemplo

Un operario de una fábrica que no utiliza adecuadamente su equipo de protección individual puede sufrir un corte grave al manejar una máquina. El accidente ocurre debido a una combinación de causas materiales (máquina sin mantenimiento adecuado) y causas humanas (uso incorrecto del equipo de protección)

Los accidentes de trabajo se clasifican en diferentes tipos según la naturaleza del daño causado:

▶ **Accidentes leves**: aquellos que producen lesiones menores, como cortes superficiales, contusiones o pequeñas quemaduras:

▶ **Accidentes graves**: incluyen fracturas, quemaduras extensas o lesiones que requieren hospitalización prolongada:

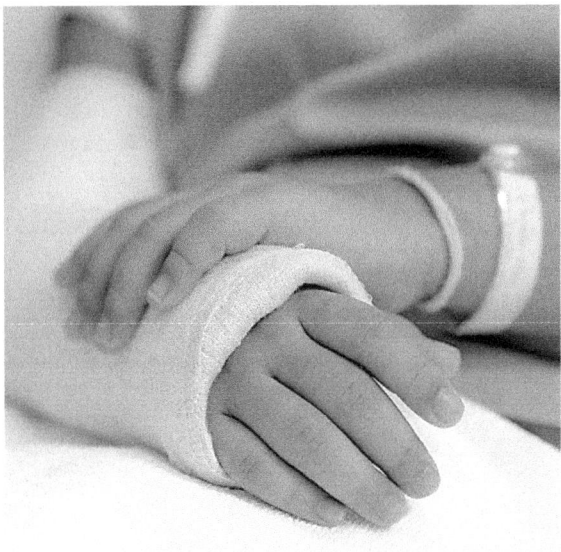

▶ **Accidentes mortales**: aquellos en los que el trabajador pierde la vida como consecuencia del accidente laboral.

La legislación laboral establece que todos los accidentes de trabajo deben notificarse de manera inmediata a las autoridades competentes. Además, es responsabilidad del empleador llevar un registro de estos incidentes, para así poder implementar medidas correctivas que prevengan su recurrencia.

Por su parte, las **enfermedades profesionales** son aquellas patologías que el trabajador desarrolla como resultado de la exposición prolongada a **factores de riesgo** presentes en su lugar de trabajo. A diferencia de los accidentes, que son eventos súbitos, las enfermedades profesionales suelen desarrollarse de manera lenta y progresiva debido a la acumulación de daño a lo largo del tiempo.

La normativa de prevención de riesgos laborales establece un listado oficial de enfermedades consideradas **profesionales**, el cual se actualiza periódicamente para incluir nuevas patologías vinculadas a las condiciones de trabajo emergentes.

Las principales causas de las enfermedades profesionales pueden dividirse en:

Causas físicas

Exposición a ruido excesivo, vibraciones, temperaturas extremas o radiaciones. Estos factores pueden provocar sordera, lesiones musculares o cáncer, dependiendo de la exposición.

Causas químicas

Exposición prolongada a sustancias tóxicas como el asbesto, disolventes o pesticidas puede causar enfermedades respiratorias, intoxicaciones o cáncer.

Causas biológicas

Contacto con microorganismos patógenos como virus o bacterias puede causar infecciones o enfermedades crónicas.

Causas ergonómicas

Movimientos repetitivos, posturas inadecuadas o esfuerzos mal realizados pueden derivar en lesiones musculoesqueléticas como tendinitis o lumbalgias.

Causas psicosociales

El estrés crónico, la carga excesiva de trabajo o el acoso laboral pueden generar trastornos psicológicos como ansiedad o depresión.

Ejemplo

Un trabajador de la construcción expuesto a polvo de sílice sin las debidas medidas de protección puede desarrollar, con el tiempo, una enfermedad respiratoria crónica como la silicosis. Esta es una de las enfermedades profesionales más comunes en ciertos sectores industriales.

La siguiente tabla muestra las diferencias principales entre los accidentes de trabajo y las enfermedades profesionales:

Aspecto	Accidente de trabajo	Enfermedad profesional
Momento de aparición	Inmediato y repentino	Gradual y progresivo
Causas	Evento puntual o una combinación de factores en el entorno	Exposición prolongada a riesgos específicos del trabajo
Impacto en la salud	Lesiones físicas o mentales directas	Deterioro gradual de la salud
Ejemplos	Cortes, fracturas, caídas	Silicosis, cáncer ocupacional, trastornos musculoesqueléticos

Tanto para prevenir accidentes de trabajo como enfermedades profesionales, es esencial implementar una serie de **medidas preventivas** que incluyan:

- ▶ **Formación continua**: garantizar que los trabajadores conozcan los riesgos asociados a sus actividades y las medidas de prevención correspondientes.

- ▶ **Uso de Equipos de Protección Individual (EPI)**: asegurar que los trabajadores cuenten con la protección adecuada (guantes, cascos, mascarillas, etc.) para las tareas que realicen.

- ▶ **Evaluación de riesgos periódica**: realizar inspecciones regulares del entorno laboral para identificar y mitigar riesgos antes de que ocurran accidentes.

- ▶ **Mejoras ergonómicas**: adaptar los espacios y las herramientas de trabajo para minimizar el esfuerzo físico y prevenir lesiones a largo plazo.

- ▶ **Control de agentes tóxicos**: limitar la exposición a sustancias peligrosas mediante sistemas de ventilación y uso de equipos especializados.

1.3 OTRAS PATOLOGÍAS DERIVADAS DEL TRABAJO

Además de los accidentes de trabajo y las enfermedades profesionales, existen otras patologías que, aunque no siempre están incluidas en el listado oficial de enfermedades profesionales, pueden tener un origen laboral. Estas patologías se desarrollan a lo largo del tiempo debido a la exposición a factores físicos, psicosociales o ambientales en el entorno de trabajo y suelen tener efectos sobre la salud física y mental de los trabajadores.

Las **patologías musculoesqueléticas** son uno de los problemas de salud más comunes relacionados con el trabajo, especialmente en sectores que requieren esfuerzo físico repetitivo o posturas forzadas. Estas condiciones afectan principalmente a los músculos, tendones, ligamentos y articulaciones, y se desarrollan de manera progresiva debido a una carga excesiva o incorrecta de trabajo.

Los ejemplos más comunes de patologías musculoesqueléticas son las tres siguientes:

▶ **Lumbalgia**: dolor en la parte baja de la espalda, frecuentemente causado por el levantamiento de objetos pesados o posturas inadecuadas:

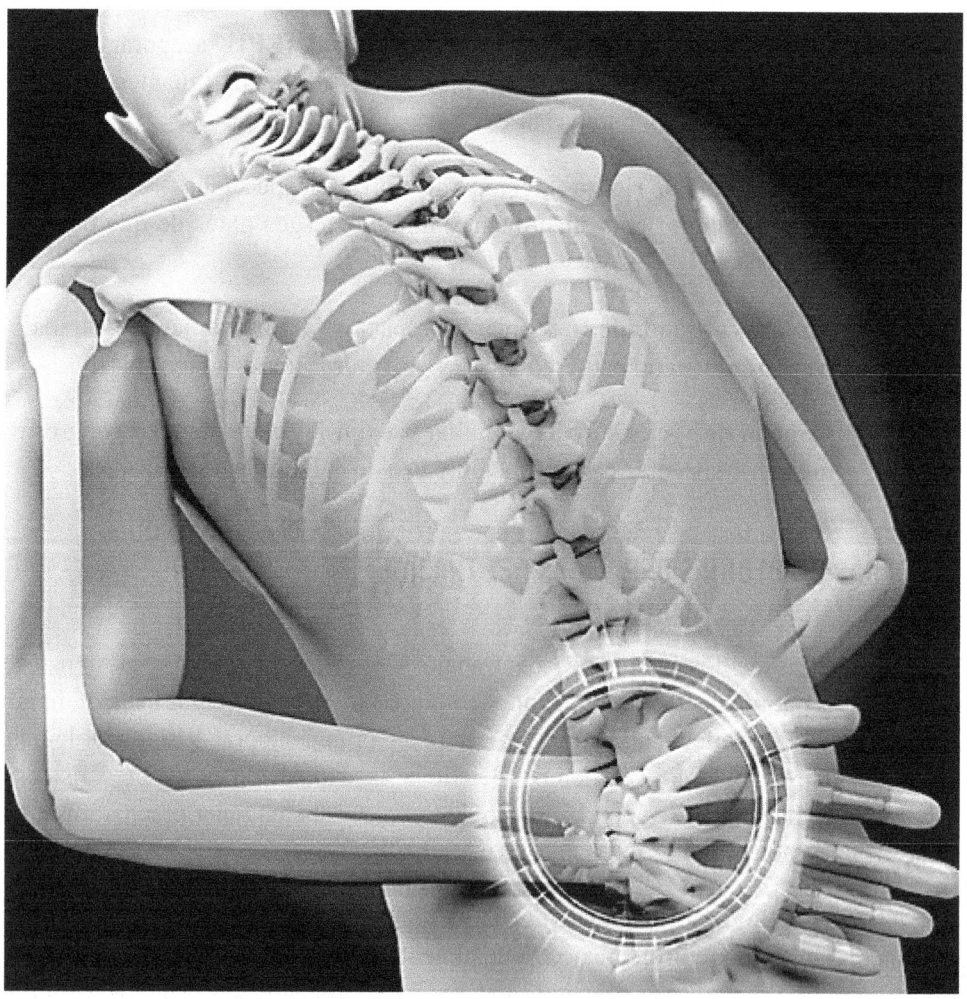

▼ **Tendinitis**: inflamación de los tendones, causada por movimientos repetitivos como el uso constante de herramientas manuales:

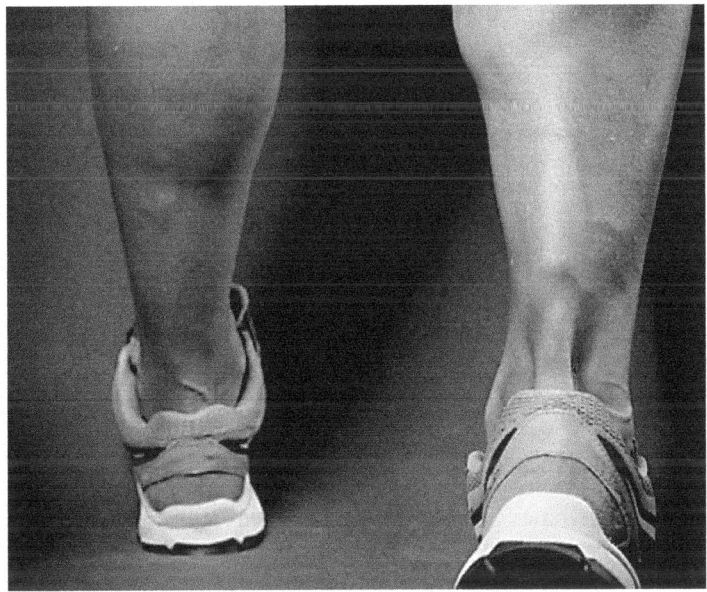

▼ **Síndrome del túnel carpiano**: compresión del nervio mediano en la muñeca, frecuente en trabajos que implican el uso repetido del teclado o herramientas de precisión:

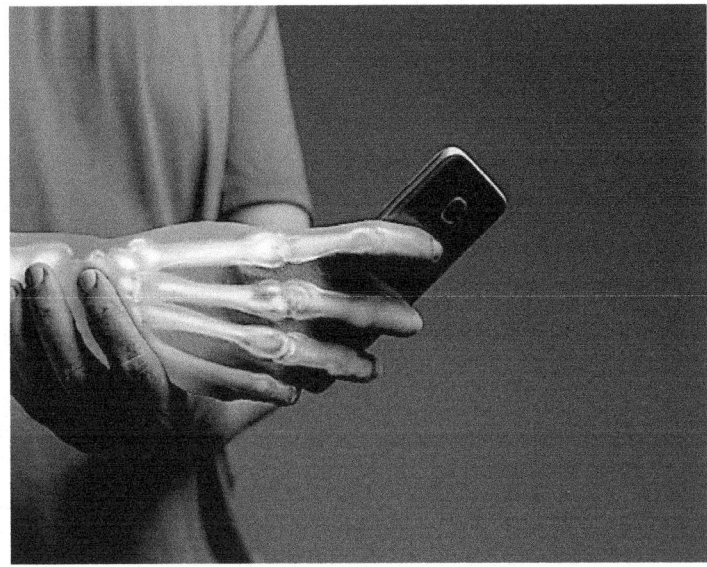

Ejemplo

Un trabajador de almacén que levanta cajas pesadas durante horas sin la técnica adecuada puede desarrollar lumbalgia crónica. Del mismo modo, un empleado que pasa largas horas frente a una computadora sin las pausas adecuadas puede sufrir de síndrome del túnel carpiano debido a los movimientos repetitivos de las manos.

Las **patologías psicosociales** derivadas del trabajo están relacionadas con la **organización laboral** y las **condiciones psicológicas** a las que están expuestos los empleados. Estas patologías suelen estar asociadas con el **estrés**, la **ansiedad** y otros problemas de salud mental. Los factores desencadenantes incluyen **carga excesiva de trabajo**, **falta de control sobre las tareas**, **malas relaciones laborales** o incluso **acoso** en el lugar de trabajo.

Las principales patologías psicosociales son:

Estrés laboral

Ocurre cuando las demandas laborales exceden la capacidad del trabajador para enfrentarlas. El estrés crónico puede derivar en problemas graves de salud mental, como ansiedad o depresión.

Síndrome de Burnout

Conocido como síndrome de agotamiento profesional, es una forma de estrés laboral crónico que se caracteriza por agotamiento emocional, despersonalización y bajo rendimiento laboral.

Ansiedad y depresión

Desarrolladas por una combinación de mala organización del trabajo, falta de apoyo social y altos niveles de presión, afectando la salud mental y el bienestar del trabajador.

 **Nota**

Las patologías psicosociales no siempre se reconocen con facilidad, ya que los síntomas pueden confundirse con el cansancio diario. No obstante, es crucial que las empresas fomenten un entorno laboral saludable, promoviendo el equilibrio entre vida laboral y personal, además de ofrecer apoyo psicológico cuando sea necesario.

Algunas patologías respiratorias, aunque no siempre calificadas como **enfermedades profesionales**, pueden tener su origen en el entorno laboral debido a la exposición prolongada a **polvos, gases tóxicos** o **sustancias irritantes**. Estas afecciones pueden incluir:

- **Bronquitis crónica**: una inflamación persistente de los bronquios, común en trabajadores que se exponen a polvo o humo, como en fábricas o plantas industriales.

- **Asma ocupacional**: el asma inducida por el trabajo ocurre cuando los pulmones reaccionan de manera excesiva a sustancias inhaladas en el entorno laboral, como productos químicos, polvo de madera o alérgenos industriales.

- **Neumonitis por hipersensibilidad**: una enfermedad pulmonar causada por la inhalación prolongada de polvos orgánicos, como esporas de hongos o proteínas animales.

Es importante realizar una **evaluación de riesgos** en el entorno laboral para identificar posibles contaminantes del aire y aplicar **medidas de control**, como la ventilación adecuada y el uso de equipos de protección respiratoria. La exposición prolongada a estas sustancias puede llevar a problemas respiratorios crónicos.

Además, el trabajo puede ser un **factor desencadenante** de problemas cardiovasculares en personas que ya tienen predisposición a padecer enfermedades de este tipo. Factores como el **estrés prolongado**, los **turnos nocturnos** o el **trabajo en ambientes de alta presión** pueden aumentar el riesgo de desarrollar patologías como:

- **Hipertensión arterial**: la exposición a situaciones de estrés crónico puede causar un aumento persistente de la presión arterial, lo que incrementa el riesgo de enfermedades cardíacas.

- **Infarto de miocardio**: aunque el trabajo no es la causa directa de un infarto, los factores asociados, como el **estrés**, el **sedentarismo** o la **mala alimentación** en el entorno laboral, pueden contribuir a su aparición.

Ejemplo

Un ejecutivo que trabaja bajo presión constante y realiza largas jornadas sin descansos adecuados puede desarrollar hipertensión arterial, la cual es un factor de riesgo para enfermedades cardíacas. Además, la falta de ejercicio físico y el consumo de alimentos poco saludables en el lugar de trabajo pueden agravar esta condición.

El contacto prolongado con **sustancias químicas peligrosas** puede provocar una serie de patologías que no siempre se consideran enfermedades profesionales oficiales, pero que afectan gravemente la salud de los trabajadores. Entre estas se incluyen:

▸ **Dermatitis por contacto**: una inflamación de la piel causada por la exposición a productos químicos irritantes o alérgenos presentes en el lugar de trabajo.

▸ **Intoxicaciones crónicas**: provocadas por la exposición a metales pesados, pesticidas o solventes industriales, que pueden afectar múltiples sistemas del cuerpo, incluyendo el hígado, riñones y sistema nervioso.

▸ La **prevención** sigue siendo la medida más eficaz para evitar el desarrollo de patologías relacionadas con el trabajo. Las acciones preventivas deben incluir:

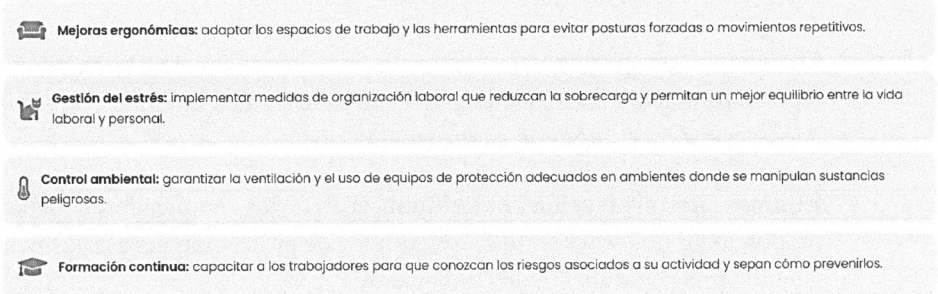

Mejoras ergonómicas: adaptar los espacios de trabajo y las herramientas para evitar posturas forzadas o movimientos repetitivos.

Gestión del estrés: implementar medidas de organización laboral que reduzcan la sobrecarga y permitan un mejor equilibrio entre la vida laboral y personal.

Control ambiental: garantizar la ventilación y el uso de equipos de protección adecuados en ambientes donde se manipulan sustancias peligrosas.

Formación continua: capacitar a los trabajadores para que conozcan los riesgos asociados a su actividad y sepan cómo prevenirlos.

1.4 MARCO NORMATIVO BÁSICO EN MATERIA DE PREVENCIÓN DE RIESGOS LABORALES

El **marco normativo en materia de prevención de riesgos laborales** es un conjunto de leyes, reglamentos y normativas cuyo objetivo es garantizar la **seguridad y salud de los trabajadores** en su entorno laboral. Este marco se sustenta en la creación de políticas preventivas, el establecimiento de derechos y deberes tanto para empleadores como para empleados, y la implementación de medidas para identificar, evaluar y controlar los riesgos laborales.

En la mayoría de los países, la legislación en **prevención de riesgos laborales** se estructura en torno a normas que definen de manera clara las responsabilidades de los empleadores y los derechos de los trabajadores.

La **Ley de Prevención de Riesgos Laborales (LPRL)** es la normativa central que regula los aspectos fundamentales en materia de prevención. Esta ley establece las obligaciones de los empleadores en cuanto a la **protección de la salud y seguridad de sus empleados**. Entre sus disposiciones principales se encuentran:

- ▶ **Garantizar un entorno de trabajo seguro**: los empleadores deben tomar todas las medidas necesarias para asegurar que los riesgos asociados a la actividad laboral estén controlados y minimizados.

- ▶ **Evaluación de riesgos**: es obligatorio realizar una **evaluación de riesgos laborales** que identifique todos los peligros presentes en el lugar de trabajo. A partir de esta evaluación, deben implementarse las medidas correctivas necesarias para eliminarlos o reducirlos.

- ▶ **Formación en prevención**: la ley exige que todos los trabajadores reciban formación adecuada en prevención de riesgos laborales, ajustada a los riesgos específicos de su puesto de trabajo.

- ▶ **Equipos de protección individual (EPI)**: los empleadores deben proporcionar de forma gratuita los equipos de protección necesarios para garantizar la seguridad de los trabajadores.

 **Nota**

La LPRL establece sanciones importantes para aquellos empleadores que incumplan con las medidas preventivas, lo que puede incluir multas, cierres temporales de la actividad o, en casos graves, responsabilidades penales.

El **Reglamento de los Servicios de Prevención** establece cómo deben organizarse los **servicios de prevención** en las empresas, especificando las modalidades de estos servicios y su ámbito de actuación. Se reconoce que las empresas deben contar con un **servicio de prevención propio** o externalizar esta función mediante una **entidad acreditada**. Entre las responsabilidades de los servicios de prevención se incluyen:

▼ Realizar la **evaluación de riesgos** de forma periódica.

▼ Implementar las medidas preventivas necesarias para cada puesto de trabajo.

▼ Vigilar la **salud** de los trabajadores mediante exámenes médicos periódicos.

▼ Asegurar que se cumplan las **normativas de seguridad** aplicables.

Ejemplo

Una empresa de construcción que contrata un servicio de prevención externo debe asegurarse de que este realice inspecciones regulares en la obra, identificando riesgos como caídas, exposición a sustancias peligrosas o uso inadecuado de maquinaria, y proponiendo soluciones para mitigarlos.

Este decreto regula los principios y directrices sobre la **organización y gestión** de los **servicios de prevención** dentro de las empresas. Establece las bases para la gestión de la seguridad y salud laboral, e introduce los **niveles de cualificación profesional** necesarios para desempeñar funciones preventivas en una empresa.

El decreto también define los **tres** niveles de actuación preventiva:

Básico

Corresponde a trabajadores o delegados de prevención que no tienen una formación especializada en prevención de riesgos, pero que desempeñan funciones de apoyo en la identificación de riesgos.

Intermedio

Para técnicos de prevención con formación específica y capacidad para realizar evaluaciones de riesgos y proponer medidas preventivas.

Superior

Técnicos con formación de alto nivel, capaces de asumir la responsabilidad de gestionar de forma integral la prevención en la empresa.

ⓘ Saber más

El Real Decreto 39/1997 obliga a las empresas a disponer de un plan de prevención que contemple todos los aspectos relacionados con la seguridad y salud laboral. Este plan debe actualizarse periódicamente en función de la evolución de los riesgos y las condiciones laborales.

Los **Equipos de Protección Individual (EPI)** son una de las herramientas fundamentales para la prevención de accidentes laborales y la protección de la salud de los trabajadores. El **Real Decreto 773/1997** regula el uso de estos equipos, estableciendo los requisitos que deben cumplir para ser efectivos y seguros.

Entre los puntos más importantes de esta normativa se encuentran:

- **Selección adecuada** de los equipos según los riesgos presentes en el entorno de trabajo.

- **Mantenimiento y control** periódico de los equipos para garantizar que funcionen correctamente.

- **Formación** a los trabajadores sobre el uso adecuado de los EPI, asegurando que comprendan su importancia y cómo utilizarlos correctamente.

El **marco normativo en prevención de riesgos laborales** define una serie de **derechos y deberes** tanto para los empleadores como para los empleados. Estos son esenciales para garantizar un entorno laboral seguro y saludable.

Con respecto a los derechos de los trabajadores, se encuentran:

- **Derecho a la protección**: todo trabajador tiene derecho a recibir una **protección eficaz** frente a los riesgos laborales.

- **Derecho a la formación**: los empleados deben recibir formación adecuada y continua en **prevención de riesgos**, ajustada a las características de su puesto de trabajo.

- **Derecho a la consulta**: los trabajadores tienen derecho a ser consultados y participar en las decisiones relativas a la **seguridad y salud laboral** a través de sus representantes.

Por otro lado, entre los deberes de los trabajadores se definen:

▶ **Cumplimiento de las normas de seguridad**: los trabajadores tienen la obligación de seguir las instrucciones preventivas proporcionadas por el empleador y de utilizar correctamente los **Equipos de Protección Individual (EPI)**.

▶ **Colaboración en la prevención**: los empleados deben colaborar activamente en la implementación de medidas preventivas y en el mantenimiento de un entorno de trabajo seguro.

▶ Por último, se definen las obligaciones del empleador al respecto:

▶ **Proporcionar un entorno seguro**: el empleador es responsable de garantizar que el entorno de trabajo sea seguro, mediante la implementación de las medidas necesarias para eliminar o reducir los riesgos.

▶ **Formación y supervisión**: el empleador debe asegurarse de que todos los trabajadores reciban la formación adecuada en **prevención de riesgos** y supervisar que se cumplan las medidas preventivas.

▶ **Facilitar equipos de protección**: es responsabilidad del empleador proporcionar a los trabajadores los EPI necesarios y asegurarse de que estén en buen estado.

Ejemplo

En una fábrica, el empleador está obligado a proporcionar protección auditiva a los empleados expuestos a altos niveles de ruido y debe garantizar que reciban formación sobre cómo utilizar correctamente estos equipos. Los trabajadores, por su parte, deben utilizar siempre la protección proporcionada y reportar cualquier mal funcionamiento de los equipos.

1.5 DERECHOS Y DEBERES BÁSICOS EN MATERIA PREVENTIVA

En el ámbito de la **prevención de riesgos laborales**, los derechos y deberes de empleadores y empleados están claramente establecidos por la legislación, con el objetivo de asegurar un entorno laboral seguro y saludable. Estos derechos y deberes constituyen el pilar fundamental para la **protección de la salud** de los trabajadores y la **responsabilidad** de las empresas en el marco de la prevención.

Los **trabajadores** tienen una serie de derechos que les permiten no solo exigir un entorno de trabajo seguro, sino también participar activamente en las políticas preventivas de la empresa. Estos derechos se centran en la protección de su salud y bienestar durante el ejercicio de sus funciones.

El principal derecho de los trabajadores es el **derecho a una protección eficaz** frente a los riesgos laborales. Esto significa que los empleados deben estar protegidos ante cualquier riesgo que pueda amenazar su **seguridad** o **salud** en el trabajo. Para ello, el empleador debe:

- **Garantizar un entorno seguro** mediante la identificación, evaluación y control de los riesgos.

- Implementar medidas técnicas, organizativas y formativas para evitar o minimizar los peligros.

- Proporcionar los **Equipos de Protección Individual (EPI)** necesarios para cada tarea.

Ejemplo

En una planta química, los trabajadores que manipulan sustancias peligrosas tienen derecho a ser protegidos mediante el uso de guantes, mascarillas y otros equipos que eviten el contacto directo con productos tóxicos. Además, la empresa debe asegurarse de que el ambiente esté ventilado adecuadamente y de que los empleados reciban formación sobre cómo manejar estas sustancias.

Los trabajadores tienen derecho a recibir **formación teórica y práctica** en **prevención de riesgos laborales**, adaptada a los riesgos específicos de su puesto de trabajo. La formación debe ser:

➤ **Continua**: no basta con una única sesión formativa; debe ser periódica y actualizarse conforme cambien las condiciones de trabajo o surjan nuevos riesgos.

➤ **Específica**: adaptada a las características de cada puesto, para que los empleados sepan cómo prevenir los riesgos específicos asociados a su tarea.

Los trabajadores tienen derecho a la **vigilancia periódica de su salud**, especialmente aquellos que están expuestos a **factores de riesgo** que puedan generar enfermedades o lesiones relacionadas con el trabajo. Esta vigilancia incluye exámenes médicos regulares, análisis clínicos y otras pruebas que permitan identificar problemas de salud derivados de la actividad laboral.

La vigilancia de la salud debe cumplir con los siguientes principios:

➤ **Voluntariedad**: los trabajadores pueden negarse a someterse a exámenes médicos si así lo desean, salvo en aquellos casos en los que los exámenes sean imprescindibles para proteger la salud de terceros o del propio trabajador.

➤ **Confidencialidad**: los resultados de los exámenes deben tratarse de manera confidencial y solo pueden utilizarse con fines preventivos.

ⓘ **Nota**

En sectores con un alto riesgo de exposición a sustancias tóxicas, como la minería o la industria química, la vigilancia de la salud es fundamental para detectar de manera temprana posibles enfermedades profesionales. Las empresas están obligadas a realizar chequeos periódicos y a notificar cualquier hallazgo a las autoridades correspondientes.

Los empleados tienen derecho a ser **consultados** y a **participar** en la toma de decisiones sobre las medidas preventivas que se implementen en su lugar de trabajo. Esto se realiza principalmente a través de los **delegados de prevención** o comités de seguridad y salud, quienes representan a los trabajadores en todas las cuestiones relacionadas con la **seguridad** y **salud laboral**.

- ⚑ **Consulta previa**: los trabajadores deben consultarse antes de la introducción de nuevas tecnologías, métodos de trabajo o cambios en las condiciones laborales que puedan afectar su seguridad.

- ⚑ **Participación**: los empleados deben poder expresar sus opiniones y sugerencias sobre las medidas preventivas que se lleven a cabo, asegurando que sus necesidades y preocupaciones sean tomadas en cuenta.

Además de los derechos, los trabajadores tienen una serie de **deberes** que deben cumplir para garantizar su seguridad y la de sus compañeros. El cumplimiento de estos deberes es esencial para mantener un entorno laboral seguro y prevenir accidentes y enfermedades.

Los trabajadores tienen la **obligación de cumplir con las normas de seguridad** establecidas por la empresa. Esto incluye:

- ⚑ Utilizar correctamente los **Equipos de Protección Individual (EPI)** proporcionados por el empleador.

- ⚑ Seguir las **instrucciones** de prevención establecidas para cada tarea.

- ⚑ Participar en la **formación** que la empresa proporcione en materia de prevención de riesgos.

Ejemplo

En un taller mecánico, un trabajador debe utilizar las gafas de protección y guantes proporcionados cuando trabaje con herramientas que puedan generar partículas o productos químicos. No cumplir con esta obligación podría poner en riesgo su salud y la de sus compañeros.

Los empleados deben **informar inmediatamente** a sus superiores sobre cualquier **situación de riesgo** que detecten en el lugar de trabajo. Esto incluye el mal funcionamiento de equipos, la presencia de sustancias peligrosas o cualquier condición insegura que pueda derivar en un accidente o enfermedad.

El deber de informar es crucial para prevenir accidentes graves, ya que los trabajadores suelen estar en contacto directo con las posibles fuentes de riesgo y son los primeros en percibir los peligros que podrían pasar desapercibidos para la empresa.

Los trabajadores también tienen el **deber de colaborar** con la empresa en la implantación de las medidas preventivas. Esto implica seguir las directrices de seguridad y cooperar con los **servicios de prevención** y los delegados en todas las actividades relacionadas con la identificación, evaluación y control de riesgos.

- **Actuar con responsabilidad**: cumplir con las medidas de seguridad establecidas no solo protege al propio trabajador, sino también a sus compañeros de trabajo.

- **Participar en las evaluaciones de riesgos**: los empleados deben participar activamente en las evaluaciones de riesgos, proporcionando información sobre las condiciones de trabajo y posibles peligros.

En el marco de la prevención de riesgos laborales, los **empleadores** tienen una serie de obligaciones que deben cumplir para garantizar un entorno laboral seguro:

- **Evaluación de riesgos**: los empleadores están obligados a realizar una evaluación periódica de los riesgos laborales y a tomar las medidas necesarias para eliminarlos o reducirlos.

- **Proporcionar formación**: la empresa debe proporcionar formación en prevención de riesgos a todos sus trabajadores, ajustada a las características del puesto de trabajo y actualizada según las circunstancias.

- **Garantizar el uso de EPI**: el empleador debe proporcionar los equipos de protección individual necesarios y asegurar su correcto uso.

Ejemplo

En una empresa de construcción, el empleador debe realizar inspecciones regulares de los equipos de trabajo, proporcionar cascos y arneses de seguridad, y capacitar a los empleados sobre su uso adecuado. Si un trabajador reporta una falla en la maquinaria, la empresa está obligada a repararla o reemplazarla para evitar riesgos.

1.6 PRUEBA DE AUTOEVALUACIÓN

1. *¿Cuál es el principal objetivo de la Ley de Prevención de Riesgos Laborales (LPRL)?*

   a) *Eliminar completamente todos los riesgos laborales.*

   b) *Garantizar un entorno laboral seguro y saludable para los trabajadores.*

   c) *Ofrecer formación gratuita a todos los trabajadores.*

   d) *Implementar un sistema de sanciones económicas.*

Respuesta correcta: b) Garantizar un entorno laboral seguro y saludable para los trabajadores.

2. *¿Qué tipo de riesgo corresponde a la exposición a sustancias tóxicas en el lugar de trabajo?*

   a) *Riesgo físico.*

   b) *Riesgo químico.*

   c) *Riesgo biológico.*

   d) *Riesgo psicosocial.*

Respuesta correcta: b) Riesgo químico.

3. **¿Cuál de las siguientes NO es una causa de los accidentes de trabajo?**

   a) *Causas materiales.*

   b) *Causas humanas.*

   c) *Causas organizativas.*

   d) *Causas de fuerza mayor.*

Respuesta correcta: *d) Causas de fuerza mayor*

4. **¿Qué derecho tienen los trabajadores en relación con la formación en prevención de riesgos laborales?**

   a) *Recibir formación solo al inicio del contrato.*

   b) *Recibir formación continua y adaptada a su puesto de trabajo.*

   c) *Elegir si desean recibir formación o no.*

   d) *Formarse solo si el empleador lo considera necesario.*

Respuesta correcta: *b) Recibir formación continua y adaptada a su puesto de trabajo.*

5. **¿Qué se entiende por enfermedad profesional?**

   a) *Una enfermedad que afecta a cualquier persona en el lugar de trabajo.*

   b) *Una enfermedad que surge de una actividad laboral prolongada y específica.*

   c) *Una enfermedad causada por el mal uso de Equipos de Protección Individual.*

   d) *Una enfermedad que se transmite entre los trabajadores.*

Respuesta correcta: *b) Una enfermedad que surge de una actividad laboral prolongada y específica.*

6. ¿Cuál de las siguientes opciones es un deber de los trabajadores en materia de prevención?

a) *Negarse a participar en la formación si no lo consideran necesario.*

b) *Cumplir con las normas de seguridad y utilizar los Equipos de Protección Individual.*

c) *Decidir qué medidas preventivas aplicar en su puesto de trabajo.*

d) *Realizar evaluaciones de riesgos.*

Respuesta correcta: b) *Cumplir con las normas de seguridad y utilizar los Equipos de Protección Individual.*

7. ¿Cuál es la principal causa de las patologías psicosociales en el trabajo?

a) *Exposición a productos químicos.*

b) *Factores como el estrés, la sobrecarga laboral y el acoso.*

c) *La manipulación de herramientas manuales.*

d) *La exposición a ruido excesivo.*

Respuesta correcta: b) *Factores como el estrés, la sobrecarga laboral y el acoso.*

8. ¿Qué es una evaluación de riesgos en el contexto de la prevención de riesgos laborales?

a) *Un análisis para identificar los peligros presentes en el entorno laboral.*

b) *Un examen médico obligatorio para todos los empleados.*

c) *Un informe anual que se presenta a la administración pública.*

d) *Una encuesta sobre la satisfacción laboral de los empleados.*

Respuesta correcta: a) *Un análisis para identificar los peligros presentes en el entorno laboral.*

9. ¿Qué organismo regula los Equipos de Protección Individual (EPI)?

a) *Real Decreto 773/1997.*

a) *Ley de Prevención de Accidentes Laborales.*

a) *Reglamento de Accidentes Laborales.*

a) *Directiva de Salud y Bienestar Laboral.*

Respuesta correcta: *a) Real Decreto 773/1997.*

10. ¿Cuál de las siguientes afirmaciones sobre el deber de informar de los trabajadores es correcta?

a) *Los trabajadores deben informar solo en casos graves de riesgo.*

b) *Los trabajadores están obligados a informar inmediatamente de cualquier situación de riesgo.*

c) *Los trabajadores pueden informar de riesgos solo si se lo solicita el empleador.*

d) *No es obligatorio que los trabajadores informen de situaciones de riesgo.*

Respuesta correcta: *b) Los trabajadores están obligados a informar inmediatamente de cualquier situación de riesgo.*

2

EVALUACIÓN DE RIESGOS

2.1 DIFERENCIACIÓN DE RIESGOS GENERALES Y SU PREVENCIÓN

Los **riesgos laborales** pueden dividirse en diferentes categorías según su naturaleza y las condiciones en las que se presentan. Conocer los **riesgos generales** es esencial para establecer medidas preventivas adecuadas que protejan la salud y seguridad de los trabajadores. Estos riesgos afectan a la mayoría de los entornos de trabajo y están relacionados con factores físicos, químicos, biológicos, ergonómicos y psicosociales. De esta manera, se definen los siguientes riesgos:

Tipo de riesgo	Descripción	Efectos en la salud
Riesgos físicos	Factores como el **ruido**, las **vibraciones**, la **radiación** o **temperaturas extremas** que afectan al bienestar físico del trabajador.	Lesiones auditivas, problemas musculares, **quemaduras**.
Riesgos químicos	Exposición a **sustancias químicas** tóxicas, corrosivas o inflamables. Afectan por inhalación, ingestión o contacto cutáneo.	Enfermedades respiratorias, intoxicaciones, **quemaduras**.
Riesgos biológicos	Exposición a **microorganismos** como virus, bacterias o parásitos que pueden provocar infecciones o enfermedades graves.	Infecciones, enfermedades graves.

Tipo de riesgo	Descripción	Efectos en la salud
Riesgos ergonómicos	Causados por **posturas forzadas**, movimientos repetitivos o manipulación inadecuada de cargas.	Trastornos musculoesqueléticos como **tendinitis** o **lumbalgias**.
Riesgos psicosociales	Relacionados con factores organizativos, como el **estrés laboral**, la falta de control sobre las tareas o el acoso laboral.	Problemas de salud mental como **ansiedad** o **depresión**, afectando el bienestar emocional del trabajador.

Ejemplo

Un trabajador de oficina puede enfrentarse a varios riesgos ergonómicos si utiliza una silla inadecuada o no ajusta su estación de trabajo de manera correcta, lo que podría provocarle molestias en la espalda y cuello.

La **prevención** de estos riesgos implica la adopción de medidas que minimicen o eliminen su impacto en los trabajadores. Entre las principales acciones preventivas destacan:

- **Formación continua**: educar a los trabajadores sobre los riesgos a los que están expuestos y las medidas de prevención adecuadas.

- **Evaluación de riesgos**: identificar los peligros presentes en el entorno laboral y priorizar su eliminación o reducción.

- **Equipos de protección individual (EPI)**: proporcionar a los trabajadores los equipos necesarios para su protección, como guantes, cascos o gafas de seguridad.

- **Ergonomía**: mejorar las condiciones de trabajo ajustando las herramientas y los puestos de trabajo para adaptarlos a las capacidades físicas de los empleados.

- **Gestión del estrés**: implementar medidas organizativas que reduzcan la carga de trabajo excesiva y fomenten un buen clima laboral.

 **Nota**

Las inspecciones periódicas son fundamentales para identificar y corregir los riesgos generales en el lugar de trabajo. Estas inspecciones deben realizarse de manera regular para garantizar que las condiciones de seguridad se mantengan al día.

2.1.1 Evaluación de riesgos

La **evaluación de riesgos** es el proceso mediante el cual se identifican y analizan los **riesgos laborales** con el fin de determinar las medidas necesarias para su prevención o control. Esta evaluación es una obligación legal para todas las empresas y es el punto de partida para establecer un plan de prevención efectivo.

La **evaluación de riesgos** consta de varias fases, todas ellas interrelacionadas y fundamentales para obtener un diagnóstico claro de las condiciones de trabajo:

1. Identificación de peligros

Se reconocen los factores de riesgo presentes en el entorno laboral, como máquinas peligrosas, productos químicos, condiciones ergonómicas deficientes o problemas psicosociales.

2. Análisis de riesgos

Se analiza la probabilidad de que el riesgo se materialice y las consecuencias que podría tener sobre la salud de los trabajadores. Se utiliza una combinación de datos históricos y conocimientos técnicos para determinar la gravedad del riesgo.

3. Valoración de riesgos

Aquí se establecen las prioridades en función de la severidad y la probabilidad del riesgo. Los riesgos más graves requieren atención inmediata, mientras que los menos peligrosos pueden ser tratados de manera progresiva.

4. Medidas preventivas y de control

Una vez identificados y valorados los riesgos, se establecen las medidas preventivas que deben adoptarse para minimizar o eliminar el peligro. Estas medidas pueden incluir cambios en los procesos, la incorporación de EPI o la modificación de las condiciones ambientales.

Ejemplo

En una fábrica que utiliza productos químicos, la evaluación de riesgos identificará los puntos críticos donde los empleados están expuestos a sustancias peligrosas. Posteriormente, se implementarán sistemas de ventilación adecuados y se proporcionarán equipos de protección personal, como mascarillas y guantes, para reducir el riesgo de intoxicación.

Existen varios tipos de evaluaciones de riesgos, cada una adecuada según el tipo de actividad y la naturaleza de los peligros involucrados:

Evaluación específica

Se enfoca en riesgos muy concretos dentro de la empresa, como la exposición a sustancias peligrosas o la evaluación de un nuevo proceso de producción.

Evaluación cualitativa

Se utiliza cuando no es posible obtener datos numéricos precisos sobre los riesgos, basándose en la experiencia y el conocimiento de los expertos. Es útil en situaciones donde los riesgos son difíciles de cuantificar.

Evaluación cuantitativa

Se basa en la recolección de datos numéricos, como estadísticas de accidentes o análisis de muestras, para determinar la probabilidad y el impacto de los riesgos. Este enfoque es más objetivo y preciso.

Nota

La evaluación de riesgos debe ser un proceso continuo, revisándose periódicamente para adaptarse a los cambios en el entorno laboral, como la introducción de nuevas tecnologías, procesos o condiciones de trabajo.

Es responsabilidad del **empleador** llevar a cabo la **evaluación de riesgos** en todas las áreas de trabajo. Sin embargo, los **trabajadores** también tienen un papel fundamental, ya que deben **colaborar** activamente en el proceso, informando sobre los peligros que detecten y participando en las medidas de prevención.

La **legislación** en prevención de riesgos laborales establece que las empresas deben actualizar sus evaluaciones de riesgos periódicamente, especialmente si ocurren cambios significativos en los métodos de trabajo o en los equipos utilizados.

La **evaluación de riesgos** es, por lo tanto, una herramienta esencial en la **gestión preventiva** de la seguridad laboral. Sin una evaluación exhaustiva y actualizada, las empresas no pueden implementar medidas eficaces que protejan a los trabajadores de los riesgos inherentes a sus actividades.

2.1.2 Gestión de las condiciones de seguridad

La **gestión de las condiciones de seguridad** en el entorno laboral implica un conjunto de acciones y medidas destinadas a garantizar que las actividades laborales se desarrollen en un ambiente seguro, reduciendo al mínimo los riesgos para los trabajadores. Esta gestión requiere la aplicación de normativas, el control de los riesgos detectados y la implementación de medidas correctivas cuando sea necesario.

La **gestión de la seguridad** se basa en varios principios fundamentales que deben aplicarse de manera continua:

- **Identificación de peligros**: se refiere a la capacidad de detectar posibles fuentes de riesgo, tanto en las instalaciones como en los procesos laborales. Esta identificación debe ser constante y proactiva.

- **Evaluación de riesgos**: una vez identificados los peligros, es necesario analizarlos para determinar el nivel de riesgo asociado. Este análisis permite priorizar las acciones preventivas.

▶ **Control y mitigación de riesgos**: este paso implica la implementación de medidas para **eliminar**, **mitigar** o **controlar** los riesgos, aplicando **barreras físicas**, **procedimientos** o **equipos de protección** que protejan a los trabajadores.

▶ **Supervisión y seguimiento**: una vez implementadas las medidas, es fundamental hacer un seguimiento para asegurarse de que las condiciones de seguridad se mantengan y que las acciones preventivas sean efectivas. Este proceso incluye la revisión periódica de los protocolos de seguridad y las inspecciones regulares de las instalaciones.

Ejemplo

En una planta de fabricación, el manejo de maquinaria pesada requiere la instalación de barreras de seguridad que eviten el acceso no autorizado a las áreas de trabajo. Además, los trabajadores deben recibir formación específica sobre el uso seguro de la maquinaria y el uso adecuado de los equipos de protección individual (EPI), como cascos y guantes.

Los siguientes elementos son esenciales para una correcta **gestión de las condiciones de seguridad** en el entorno laboral:

▶ **Políticas de seguridad**: las empresas deben establecer políticas claras que definan los criterios de seguridad que deben seguirse en todas las áreas de trabajo. Estas políticas deben incluir la evaluación y control de riesgos, así como la formación adecuada del personal.

▶ **Responsabilidad compartida**: la gestión de la seguridad no es responsabilidad exclusiva de los empleadores, sino que involucra también a los trabajadores, quienes deben cumplir con las medidas de seguridad establecidas y reportar cualquier situación de riesgo.

▶ **Formación continua**: la capacitación de los empleados en **seguridad laboral** es esencial para garantizar que conozcan los peligros asociados a su trabajo y las medidas que deben tomar para protegerse.

   ▶ **Plan de emergencia**: toda empresa debe contar con un **plan de emergencia** para hacer frente a situaciones imprevistas que puedan poner en riesgo la seguridad de los trabajadores, como incendios, explosiones o derrames de productos químicos.

> **ⓘ Nota**
>
> El Real Decreto 486/1997 establece los requisitos mínimos de seguridad y salud en los lugares de trabajo. Esta normativa define las condiciones que deben cumplir las instalaciones en términos de iluminación, ventilación, temperaturas adecuadas, espacios de trabajo y salidas de emergencia.

   Una correcta **gestión de las condiciones de seguridad** ofrece numerosos beneficios tanto para la empresa como para los trabajadores:

   ▶ **Reducción de accidentes**: implementar y mantener medidas de seguridad efectivas reduce significativamente la probabilidad de que ocurran accidentes laborales.

   ▶ **Mejora en la productividad**: un entorno laboral seguro favorece el bienestar de los trabajadores, lo que se traduce en una mayor productividad y eficiencia.

   ▶ **Cumplimiento normativo**: las empresas que gestionan adecuadamente las condiciones de seguridad cumplen con las exigencias legales en materia de prevención, evitando sanciones y problemas legales.

   ▶ **Mejora del clima laboral**: los trabajadores que se sienten seguros en su entorno laboral tienden a estar más motivados y satisfechos con su trabajo.

2.1.3 Interpretacción de riesgos del medio ambiente de trabajo

   La **interpretación de riesgos del medio ambiente de trabajo** se refiere a la identificación y análisis de aquellos riesgos que provienen del **entorno físico**, **químico** o **biológico** en el que los trabajadores desarrollan sus actividades. Estos riesgos pueden afectar tanto la **seguridad física** como la **salud mental** de los empleados, por lo que su correcta evaluación y control son fundamentales para prevenir accidentes y enfermedades.

Ejemplo

En una fábrica donde se manipulan productos químicos, los trabajadores pueden estar expuestos a vapores tóxicos si no existen sistemas adecuados de ventilación. En este caso, el riesgo derivado del medio ambiente de trabajo se puede controlar mediante la instalación de extractores de aire y la utilización de equipos de protección respiratoria.

Los factores de riesgo del medio ambiente de trabajo pueden clasificarse en varias categorías según su naturaleza:

Categoría de riesgo	Descripción
Riesgos físicos	Factores como el ruido, las vibraciones, la temperatura extrema, la iluminación inadecuada o la ventilación deficiente. Pueden provocar pérdida auditiva, lesiones musculares o fatiga visual.
Riesgos químicos	Exposición a sustancias peligrosas, como productos tóxicos, inflamables o corrosivos. Puede generar enfermedades respiratorias, quemaduras o intoxicaciones.
Riesgos biológicos	Presencia de virus, bacterias o parásitos, especialmente en sectores como la sanidad, la agricultura o la industria alimentaria. Pueden causar infecciones graves.
Riesgos ergonómicos y psicosociales	Diseño deficiente de los espacios de trabajo, posturas incorrectas, movimientos repetitivos (riesgos ergonómicos). Sobrecarga de trabajo, falta de control y acoso laboral (riesgos psicosociales).

La **evaluación de los riesgos ambientales** requiere un análisis detallado de las condiciones físicas y químicas del entorno de trabajo. Esta evaluación debe realizarse de forma regular, y se recomienda seguir los siguientes pasos:

1. Análisis del entorno

Se debe realizar una inspección completa de las instalaciones para identificar los factores de riesgo presentes, como productos químicos, máquinas peligrosas, niveles de ruido, condiciones de iluminación y sistemas de ventilación.

2. Medición de contaminantes

En caso de exposición a productos tóxicos o contaminantes, se deben realizar mediciones cuantitativas (por ejemplo, concentración de partículas en el aire o niveles de ruido) para determinar si se superan los límites de seguridad establecidos por la legislación.

3. Implementación de medidas de control

A partir de los resultados de la evaluación, se deben aplicar las medidas preventivas necesarias para reducir o eliminar los riesgos ambientales. Esto incluye la mejora de la ventilación, la reducción de ruidos y vibraciones, la utilización de Equipos de Protección Individual (EPI) y la correcta disposición de sustancias químicas.

ⓘ Nota

El Real Decreto 374/2001 regula la protección de los trabajadores contra los riesgos relacionados con la exposición a agentes químicos en el trabajo. Este decreto establece límites de exposición profesional y medidas de control específicas que las empresas deben implementar para proteger la salud de los trabajadores.

Los **riesgos ambientales** pueden tener efectos graves tanto en la **salud física** como en la **salud mental** de los trabajadores. Algunos de los problemas de salud más comunes relacionados con el ambiente laboral son:

- ▼ **Problemas respiratorios**: la inhalación de contaminantes del aire, como polvo, humo o gases tóxicos, puede causar enfermedades respiratorias crónicas, como bronquitis o asma ocupacional:

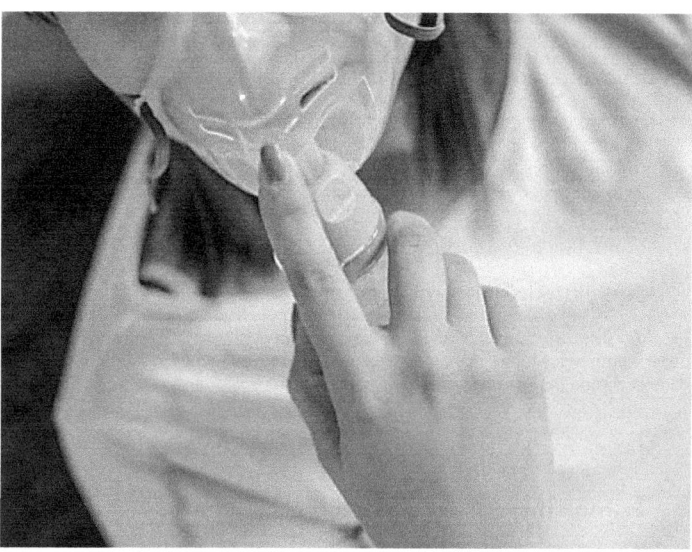

▼ **Lesiones musculoesqueléticas**: las malas condiciones ergonómicas pueden provocar dolor crónico en la espalda, cuello y extremidades, lo que afecta la capacidad de los trabajadores para realizar sus tareas:

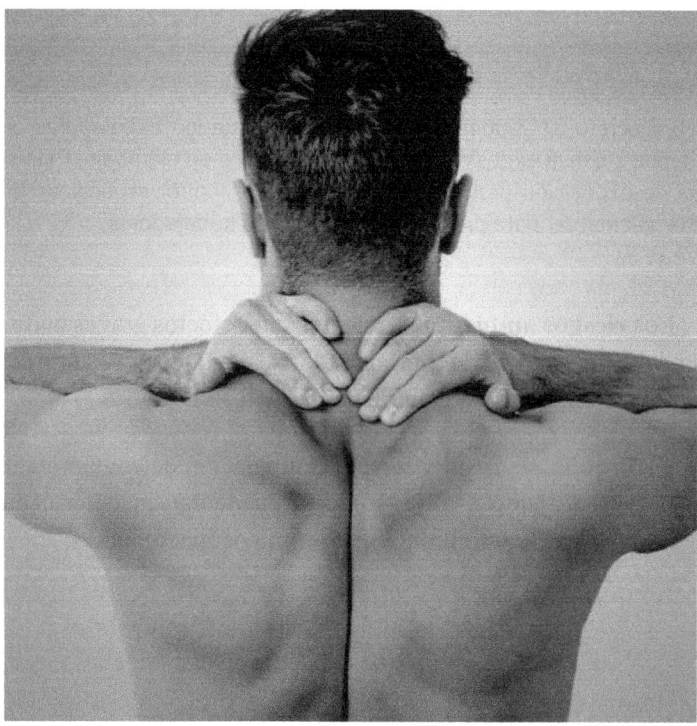

▼ **Fatiga mental**: la exposición prolongada a ambientes ruidosos, mal ventilados o con iluminación inadecuada puede generar **estrés, ansiedad** y **fatiga mental** en los empleados:

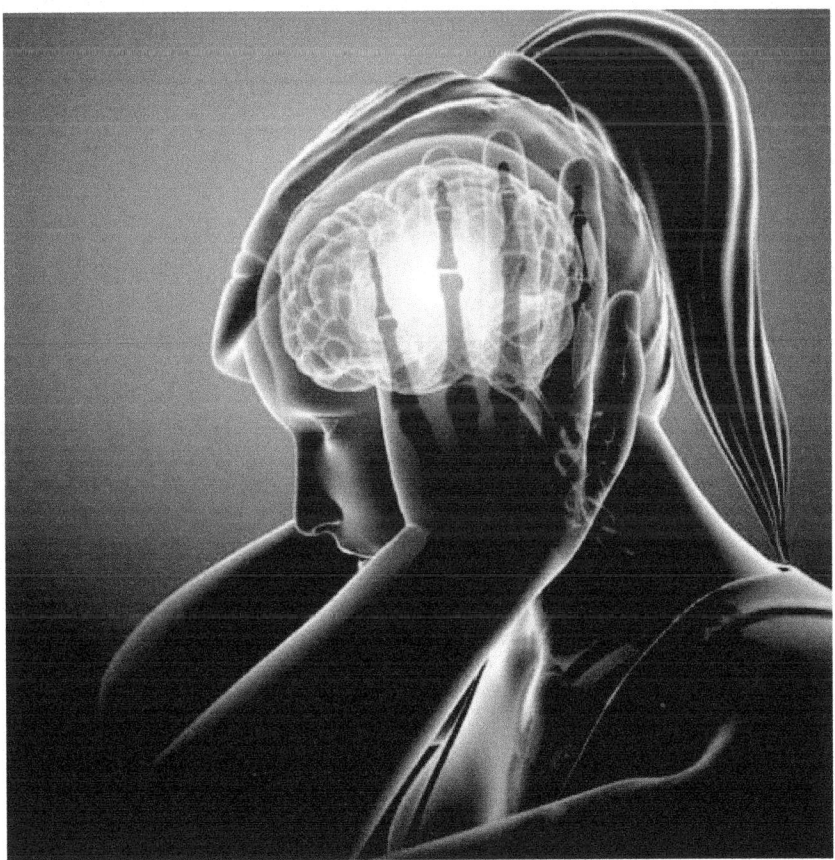

Ejemplo

Un trabajador de una planta de procesamiento de alimentos puede desarrollar problemas respiratorios si está expuesto constantemente a polvo o partículas en suspensión. Implementar sistemas de filtrado y ofrecer mascarillas a los empleados ayuda a reducir este tipo de riesgo.

2.1.4 Análisis a la carga de trabajo, fatiga e insatisfacción laboral

La **carga de trabajo** es un factor clave en la salud y el bienestar de los trabajadores. Una carga de trabajo excesiva o mal gestionada puede generar **fatiga física** y **mental**, así como **insatisfacción laboral**, lo que a su vez puede afectar negativamente tanto al desempeño como a la salud de los empleados. Este análisis permite identificar los efectos que la carga laboral tiene sobre los trabajadores y aplicar medidas correctivas para prevenir riesgos laborales relacionados con el exceso de trabajo.

La **carga de trabajo** se refiere a la cantidad de tareas, responsabilidades y esfuerzo que un trabajador debe asumir durante su jornada laboral. Puede medirse en términos de cantidad de tareas, tiempo disponible para realizarlas y nivel de complejidad de estas. Existen varios tipos de carga de trabajo:

Carga física

Está relacionada con el esfuerzo físico requerido para realizar las tareas. Incluye actividades que implican el levantamiento de peso, posturas incómodas o el uso de herramientas que requieren esfuerzo físico prolongado.

Carga mental

Se refiere al esfuerzo cognitivo y emocional necesario para realizar el trabajo. Puede estar asociada con tareas que requieren alta concentración, toma de decisiones rápidas o la gestión de información compleja.

Carga emocional

Se refiere a las exigencias emocionales derivadas de la interacción con clientes, colegas o situaciones de alto estrés, como en los trabajos de atención al cliente o servicios de emergencia.

Ejemplo

Un trabajador que opera maquinaria pesada puede enfrentar una carga de trabajo física significativa, mientras que un supervisor de equipo podría estar expuesto a una carga mental y emocional elevada, debido a la toma constante de decisiones bajo presión.

La **fatiga laboral** es el estado de cansancio físico y mental que se experimenta como resultado de una **sobrecarga de trabajo** o una mala gestión de las pausas y descansos. La fatiga no solo disminuye el rendimiento laboral, sino que también aumenta el riesgo de accidentes, ya que los trabajadores fatigados tienen menos capacidad de concentración y reflejos más lentos. La fatiga puede ser:

1. **Física**: se manifiesta en el agotamiento corporal, la falta de energía y la disminución de la fuerza muscular. Es común en trabajos que implican esfuerzos repetitivos, posturas prolongadas o movimientos continuos.

2. **Mental**: implica una reducción de la capacidad de atención, concentración y procesamiento de información. Se observa en trabajos que exigen un esfuerzo cognitivo sostenido, como la toma de decisiones o el manejo de grandes volúmenes de información.

3. **Emocional**: se relaciona con la exposición prolongada a situaciones estresantes o con altos niveles de demanda emocional. Este tipo de fatiga es común en empleos relacionados con la atención a personas, como servicios sociales, sanidad o educación.

Nota

Según estudios sobre prevención de riesgos laborales, la fatiga laboral es uno de los factores más comunes en la aparición de accidentes de trabajo. Las empresas deben implementar medidas para mitigar este riesgo, como la rotación de tareas y la programación de pausas regulares.

Los principales factores que contribuyen a la fatiga son los siguientes:

- **Jornadas laborales extensas** sin descansos adecuados.
- **Altas demandas de trabajo** sin los recursos necesarios para afrontarlas.
- **Ambientes laborales inadecuados**, como falta de iluminación, mala ventilación o temperaturas extremas.
- **Turnos nocturnos o rotativos**, que alteran los ritmos biológicos de los trabajadores.

Para prevenir la fatiga, las empresas deben asegurarse de que los empleados cuenten con **descansos suficientes**, que las jornadas laborales no sean excesivamente largas y que se proporcionen las **herramientas** necesarias para facilitar el trabajo.

Ejemplo

En una fábrica que funciona las 24 horas, los trabajadores que realizan turnos nocturnos podrían experimentar fatiga debido a la alteración de sus ciclos de sueño, lo que aumenta el riesgo de errores en el manejo de la maquinaria.

La **insatisfacción laboral** surge cuando el trabajador percibe un desajuste entre sus expectativas y las condiciones reales de trabajo. Este descontento puede derivar de varios factores, como una carga de trabajo excesiva, falta de reconocimiento, salarios bajos, ambiente laboral negativo o falta de oportunidades de crecimiento profesional.

Los principales factores que influyen en la insatisfacción laboral son:

▶ **Sobrecarga de trabajo**: una alta carga de trabajo sin los recursos o tiempo necesario para completar las tareas genera frustración y desmotivación en los empleados.

▶ **Falta de control**: los trabajadores que no tienen autonomía en su trabajo o que no pueden tomar decisiones sobre cómo realizar sus tareas tienden a sentirse menos satisfechos.

▶ **Falta de reconocimiento**: cuando el esfuerzo y el buen desempeño de los trabajadores no son reconocidos por sus superiores, aumenta la sensación de descontento.

▶ **Mal ambiente laboral**: las relaciones interpersonales conflictivas, la falta de comunicación o la presencia de situaciones de acoso laboral contribuyen a la insatisfacción.

Ejemplo

Un empleado que trabaja en una empresa de atención al cliente puede sentirse insatisfecho si su carga de trabajo es alta, no tiene control sobre su horario y no recibe reconocimiento por el buen trato que ofrece a los clientes.

Algunas consecuencias de la insatisfacción laboral son:

La **insatisfacción laboral** no solo afecta el bienestar emocional del trabajador, sino que también tiene un impacto negativo en la empresa. Algunas de las consecuencias más comunes son:

- ▶ **Reducción de la productividad**: los empleados insatisfechos tienden a trabajar menos eficientemente y a cometer más errores.

- ▶ **Aumento del absentismo**: la falta de motivación lleva a un incremento en las ausencias, ya sea por enfermedad o por desmotivación.

- ▶ **Rotación de personal**: los empleados insatisfechos buscan nuevas oportunidades laborales, lo que aumenta la **rotación de personal** y los costos asociados con la contratación y formación de nuevos trabajadores.

La **prevención de la fatiga** y la **insatisfacción laboral** implica implementar medidas organizativas y ergonómicas que permitan gestionar la carga de trabajo de manera adecuada y fomentar un entorno de trabajo positivo:

Medida	Descripción	Ejemplo
Planificación adecuada del trabajo	Asignar tareas de manera equilibrada, evitando la sobrecarga de trabajo y ajustando las responsabilidades a las capacidades de cada trabajador para evitar estrés y fatiga.	En un equipo de oficina, distribuir proyectos de acuerdo con las habilidades y tiempos disponibles de cada miembro para evitar la sobrecarga de trabajo.
Rotación de tareas	Permitir que los trabajadores cambien de actividad regularmente para evitar la monotonía y reducir la fatiga, especialmente en trabajos repetitivos o físicamente demandantes.	En una fábrica, alternar entre diferentes estaciones de montaje cada 2 horas para evitar la fatiga física y mental de una tarea repetitiva.

Medida	Descripción	Ejemplo
Fomento del bienestar emocional	Crear un ambiente de trabajo positivo donde los trabajadores se sientan valorados, fomentando el apoyo mutuo, la comunicación y el reconocimiento del esfuerzo.	Organizar reuniones de equipo semanales donde los empleados puedan expresar preocupaciones y sugerencias, y destacar logros individuales y grupales.
Promoción de descansos regulares	Establecer pausas adecuadas durante la jornada laboral para reducir la fatiga, mejorar la concentración y evitar problemas de salud relacionados con el exceso de trabajo.	En una jornada de oficina de 8 horas, establecer pausas de 15 minutos cada 2 horas para estiramientos y descanso visual del ordenador.
Recompensar el esfuerzo	Reconocer los logros de los trabajadores, tanto a través de incentivos económicos como de reconocimiento público, para aumentar la satisfacción laboral y motivación.	Otorgar bonos anuales o premios al "empleado del mes" en una empresa, reconociendo públicamente el esfuerzo y logros destacados.

2.2 IDENTIFICACIÓN DE LOS SISTEMAS ELEMENTALES DE CONTROL DE RIESGOS

Los **sistemas de control de riesgos** son el conjunto de medidas que las empresas implementan para reducir o eliminar los riesgos laborales a los que están expuestos los trabajadores. Estos sistemas abarcan desde **protecciones colectivas** hasta **equipos de protección individual (EPI)** y otros mecanismos que permiten garantizar la seguridad en el lugar de trabajo. Identificar y aplicar los sistemas adecuados es fundamental para proteger la salud y el bienestar de los empleados.

El control de riesgos debe seguir una jerarquía, que prioriza la eliminación de los peligros antes que cualquier otra medida. Los principios del control de riesgos son:

1. **Eliminación del riesgo**: consiste en suprimir completamente el riesgo del entorno de trabajo. Es la medida más eficaz, aunque no siempre es viable.

2. **Sustitución**: cambiar el proceso, la maquinaria o los productos peligrosos por otros que supongan un menor riesgo.

3. **Control técnico**: implementar dispositivos o sistemas que minimicen la exposición al riesgo, como barreras físicas o sistemas de ventilación.

4. **Control administrativo**: cambiar los procedimientos de trabajo o la organización para reducir la exposición al riesgo, como la rotación de personal o la reducción del tiempo de exposición.

5. **Equipos de Protección Individual (EPI)**: el último recurso en la jerarquía de control de riesgos es el uso de EPI, ya que no elimina el riesgo, sino que lo mitiga parcialmente.

ⓘ **Nota**

La jerarquía de control establece que el uso de EPI debe considerarse solo cuando no sea posible eliminar, sustituir o controlar el riesgo de manera más efectiva. Los sistemas de protección colectiva siempre deben tener prioridad.

2.2.1 Aplicación de los medios de protección colectiva

Los **medios de protección colectiva** son aquellos que protegen a un grupo de trabajadores de manera simultánea y están diseñados para minimizar o eliminar los riesgos directamente en el entorno de trabajo. A diferencia de los **Equipos de Protección Individual (EPI)**, que solo protegen al trabajador que los usa, las **protecciones colectivas** actúan sobre el peligro y reducen su impacto en todo el personal.

Los **medios de protección colectiva** deben cumplir con ciertas características esenciales para garantizar su eficacia:

▶ **Protección simultánea**: deben proteger a todos los trabajadores expuestos al riesgo de manera simultánea, sin requerir que cada uno realice una acción específica para estar protegido.

▶ **Eficacia probada**: los sistemas de protección colectiva deben haber demostrado su eficacia mediante pruebas o ensayos que garanticen que cumplen con los estándares de seguridad establecidos.

▶ **Mantenimiento adecuado**: para garantizar su correcto funcionamiento, las protecciones colectivas deben estar sujetas a un mantenimiento periódico que asegure que siguen siendo eficaces.

Ejemplo

Un sistema de barreras de seguridad que impide el acceso a una zona peligrosa de una obra es un claro ejemplo de un medio de protección colectiva. Este sistema actúa impidiendo que cualquier trabajador entre en un área de riesgo sin necesidad de que estos tomen medidas individuales.

Los principales **medios de protección colectiva** se pueden clasificar en varias categorías, dependiendo del tipo de riesgo que traten de controlar:

1. **Protección contra caídas**: estos sistemas incluyen barandillas, redes de seguridad y sistemas de anclaje colectivo:

Son esenciales en trabajos en altura, como la construcción o el mantenimiento de edificios, donde el riesgo de caída es alto.

2. **Sistemas de ventilación**: en entornos donde hay riesgo de exposición a sustancias peligrosas, como polvo o vapores tóxicos, los sistemas de ventilación actúan eliminando o reduciendo los contaminantes en el aire:

Esto protege a todos los trabajadores de la exposición a sustancias nocivas.

3. **Pantallas y barreras de seguridad**: estas protecciones se utilizan en zonas de trabajo con maquinaria peligrosa, evitando el acceso de los trabajadores a las áreas más peligrosas o deteniendo las máquinas en caso de acercamiento no autorizado:

4. **Sistemas de señalización**: la señalización de seguridad, que incluye señales luminosas y acústicas, es un medio de protección colectiva que alerta a los trabajadores sobre peligros potenciales en el lugar de trabajo:

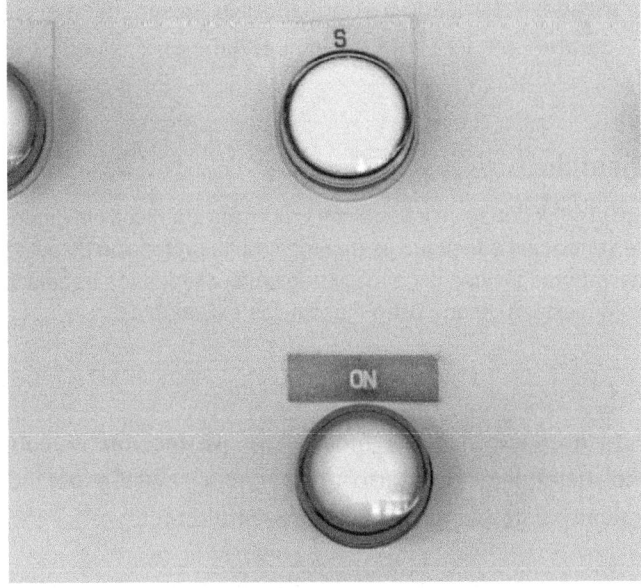

Estas señales deben ser claras, visibles y comprensibles por todo el personal.

> **ⓘ Nota**
>
> El Real Decreto 1215/1997 establece las disposiciones mínimas de seguridad y salud para la utilización de equipos de trabajo. Este decreto destaca la importancia de los medios de protección colectiva en los lugares donde el riesgo no puede eliminarse por otros medios.

Los **medios de protección colectiva** son preferibles a los **EPI** por varias razones:

- ▼ **Mayor cobertura**: los medios de protección colectiva protegen a todos los trabajadores, no solo a los que utilizan equipos de protección individual. Esto es particularmente útil en entornos donde varias personas pueden estar expuestas al mismo riesgo.

- ▼ **Reducción del margen de error humano**: al no depender de la acción individual de los trabajadores (como el uso correcto de un casco o gafas de protección), las protecciones colectivas minimizan los errores humanos.

- ▼ **Mayor eficacia**: las protecciones colectivas actúan directamente sobre el riesgo, reduciendo o eliminando su presencia en el entorno de trabajo. En cambio, los EPI solo mitigan el daño en caso de exposición.

Ejemplo

En un taller donde se trabaja con productos químicos peligrosos, un sistema de ventilación adecuado es una medida de protección colectiva que elimina los vapores tóxicos del aire, protegiendo a todos los trabajadores del área sin necesidad de que usen mascarillas individuales.

Para asegurar que los **medios de protección colectiva** sean eficaces a lo largo del tiempo, es necesario realizar una **revisión periódica** de su estado y funcionamiento. Este mantenimiento preventivo incluye:

Inspecciones regulares

Verificar que los sistemas, como barandillas o redes de seguridad, estén en buenas condiciones y sin defectos que puedan comprometer su eficacia.

Actualización tecnológica

En función de los avances en la tecnología de seguridad, los sistemas de protección colectiva deben ser actualizados para ofrecer la máxima protección posible.

Formación

Aunque los sistemas de protección colectiva no requieren acciones individuales, es importante que los trabajadores reciban formación sobre su uso y las normas de seguridad asociadas.

> **ⓘ Nota**
>
> El mantenimiento preventivo de los sistemas de protección colectiva es una obligación legal de los empleadores, ya que la falta de cuidado puede reducir significativamente la eficacia de las protecciones y poner en peligro la vida de los trabajadores.

2.2.2 Manipulación de equipos de protección individual

Los **Equipos de Protección Individual (EPI)** son herramientas diseñadas para proteger al trabajador de riesgos específicos que no pueden ser eliminados por medios colectivos o técnicos. El **uso correcto** y la **manipulación adecuada** de los EPI son esenciales para garantizar la seguridad en el entorno laboral, ya que estos equipos son la última barrera entre el trabajador y el peligro.

Los EPI actúan como una medida complementaria a las protecciones colectivas. Aunque no eliminan el riesgo, lo reducen significativamente al minimizar el impacto sobre el trabajador en caso de exposición. Los EPI deben usarse cuando no es posible eliminar los riesgos mediante medidas técnicas o colectivas, como barreras o sistemas de ventilación.

Ejemplo

En una obra de construcción, los trabajadores que operan en alturas deben usar cascos de protección y arneses de seguridad. Aunque la obra puede tener barandillas (protección colectiva), el uso de EPI asegura que los trabajadores estén protegidos de posibles accidentes que podrían no evitarse solo con las protecciones colectivas.

Existen diferentes tipos de EPI, cada uno diseñado para proteger una parte específica del cuerpo o frente a un riesgo particular:

▶ **Protección de la cabeza**: los cascos están diseñados para proteger contra golpes, caídas de objetos o colisiones en entornos donde hay riesgo de impacto:

Por ejemplo, en una obra de construcción, los trabajadores usan cascos para evitar lesiones por la caída de herramientas o materiales desde alturas.

▶ **Protección auditiva**: se utilizan tapones o auriculares para reducir el ruido en entornos con altos niveles de sonido, previniendo daños auditivos y pérdida de audición:

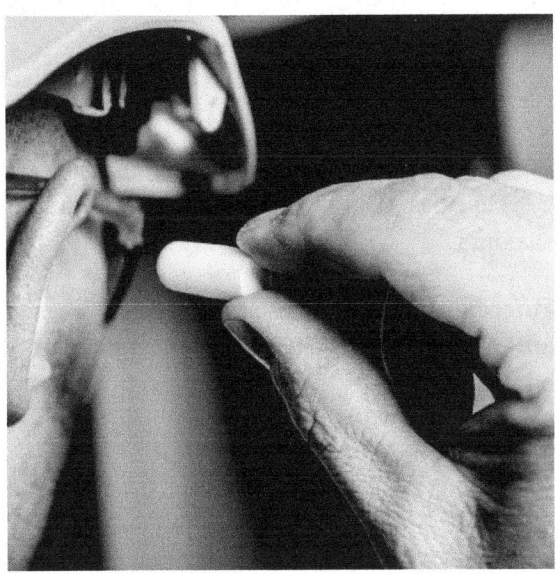

Un ejemplo es el de una fábrica de maquinaria pesada, donde los trabajadores usan auriculares con reducción de ruido para protegerse de los sonidos constantes y fuertes.

▼ **Protección ocular y facial**: gafas, pantallas o visores protegen los ojos y la cara de partículas, sustancias químicas o radiaciones:

Un soldador, por ejemplo, utiliza una máscara con visera para protegerse de las chispas y la radiación ultravioleta generada durante el proceso de soldadura.

▼ **Protección respiratoria**: las mascarillas y respiradores están diseñados para evitar la inhalación de partículas nocivas, gases tóxicos o vapores peligrosos:

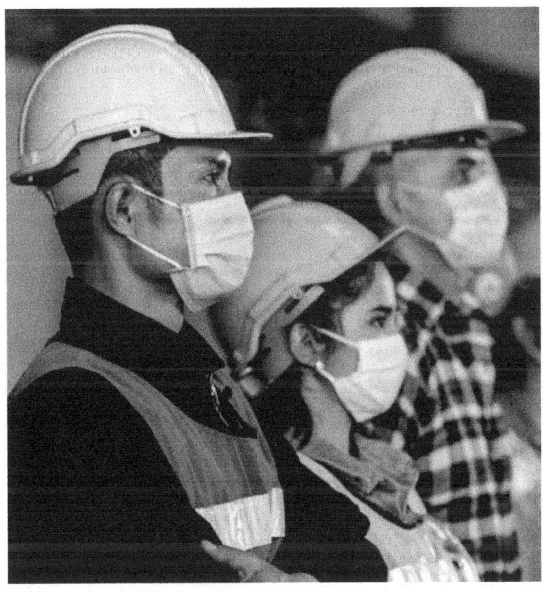

En una planta química, los empleados utilizan respiradores con filtros para evitar la inhalación de vapores tóxicos durante la manipulación de productos químicos.

▼ **Protección de las manos**: los guantes especializados protegen las manos de cortes, quemaduras, productos químicos o materiales peligrosos:

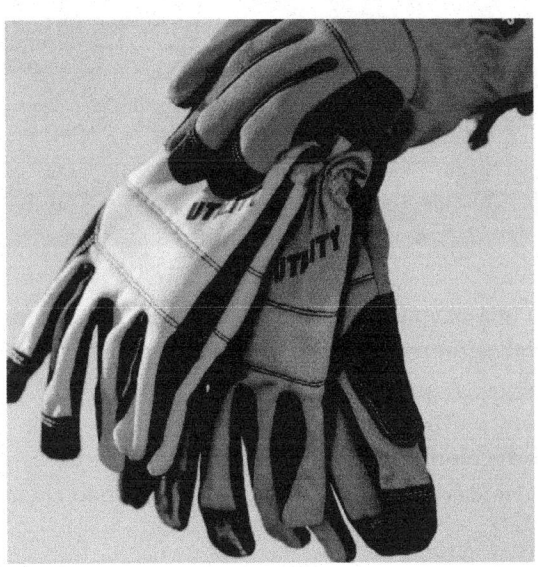

Un ejemplo es en un laboratorio, donde los técnicos usan guantes resistentes a productos químicos al manipular sustancias corrosivas.

▼ **Protección del cuerpo**: la ropa de protección resiste productos químicos, calor, frío extremo o impactos, según el entorno de trabajo:

En una planta petroquímica, por ejemplo, los trabajadores usan trajes de protección resistentes a sustancias químicas para evitar el contacto con productos peligrosos.

▼ **Protección contra caídas**: se utilizan arneses de seguridad y sistemas anticaídas para trabajos en altura, evitando caídas graves o fatales:

Un técnico de mantenimiento en torres de telecomunicaciones utiliza un arnés de seguridad conectado a una línea de vida para prevenir caídas.

 **Nota**

El Real Decreto 773/1997 regula el uso de los Equipos de Protección Individual (EPI) en los lugares de trabajo, estableciendo que es responsabilidad del empleador proporcionar los equipos adecuados y formar a los trabajadores en su uso y mantenimiento.

El **uso adecuado de los EPI** es esencial para garantizar su eficacia. La manipulación incorrecta puede anular completamente el efecto protector de los equipos, exponiendo al trabajador a riesgos innecesarios. Algunas pautas clave para el correcto uso y manipulación de los EPI son las siguientes:

1. **Selección adecuada**: los EPI deben seleccionarse según el tipo de riesgo presente en el entorno de trabajo. Cada equipo está diseñado para proteger frente a peligros específicos, por lo que es fundamental elegir el adecuado.

2. **Formación y entrenamiento**: todos los trabajadores deben recibir **formación** sobre cómo utilizar correctamente los EPI. Esto incluye cómo ponérselos y quitárselos, así como su mantenimiento.

3. **Inspección previa al uso**: antes de utilizar los EPI, es necesario inspeccionarlos para verificar que no presentan defectos o daños que puedan comprometer su efectividad.

4. **Mantenimiento y limpieza**: los EPI deben mantenerse limpios y en buen estado. Algunos equipos requieren revisiones periódicas para garantizar que sigan siendo efectivos, como los respiradores o los arneses de seguridad.

5. **Almacenamiento adecuado**: los EPI deben almacenarse en lugares adecuados, donde no puedan ser dañados por factores externos como el calor, la humedad o productos químicos. Un mal almacenamiento puede deteriorar el equipo y reducir su capacidad de protección.

Ejemplo

Un trabajador en un laboratorio químico que usa guantes para manipular sustancias peligrosas debe asegurarse de que los guantes estén en buen estado, sin rasgaduras ni perforaciones. Además, debe recibir formación sobre cómo quitarse los guantes sin entrar en contacto con la sustancia peligrosa que pueda haber quedado en su superficie.

Es importante tener en cuenta que los EPI son el **último recurso** en la jerarquía de control de riesgos, ya que no eliminan el peligro, sino que lo reducen. Además, el mal uso o desgaste de los EPI puede hacer que su protección sea insuficiente.

ⓘ Nota

El uso de EPI debe combinarse siempre con otras medidas de control de riesgos, como la formación adecuada, la vigilancia de la salud y las inspecciones regulares del lugar de trabajo para identificar posibles peligros.

2.2.3 Señalización de seguridad

La **señalización de seguridad** es un sistema visual, auditivo o táctil que se utiliza para **informar, advertir o guiar** a los trabajadores sobre los riesgos presentes en el entorno de trabajo, así como sobre las medidas preventivas que deben adoptarse. La señalización es un elemento esencial de los **medios de protección colectiva**, ya que permite advertir a las personas sobre peligros de forma rápida y efectiva.

La **señalización de seguridad** se clasifica en varias categorías, cada una con una función específica. Los principales tipos de señales son:

1. **Señales de prohibición**: estas señales indican acciones que no deben realizarse en una determinada área. Suelen estar representadas por un símbolo en rojo con una barra diagonal cruzando la acción prohibida.

   Ejemplo: señales como "Prohibido fumar" o "No entrar":

2. **Señales de advertencia**: alertan sobre la presencia de un peligro o riesgo. Generalmente, son triangulares con un borde negro y fondo amarillo.

    Ejemplo: señales como "Peligro de caídas" o "Riesgo de electrocución":

3. **Señales de obligación**: indican acciones que deben realizarse para garantizar la seguridad. Suelen representarse con un círculo azul y el símbolo de la acción obligatoria.

    Ejemplo: "Uso obligatorio de casco" o "Usar gafas de protección".

4. **Señales de emergencia o evacuación**: guían a los trabajadores hacia las salidas de emergencia o los equipos de primeros auxilios. Estas señales son rectangulares o cuadradas, con fondo verde.

   Ejemplo: "Salida de emergencia" o "Punto de encuentro".

5. **Señales de información**: proporcionan información sobre equipos de seguridad o ubicaciones importantes. Tienen un fondo azul o verde y se usan para destacar información útil para los trabajadores.

   Ejemplo: señales que indican la ubicación de extintores o botiquines:

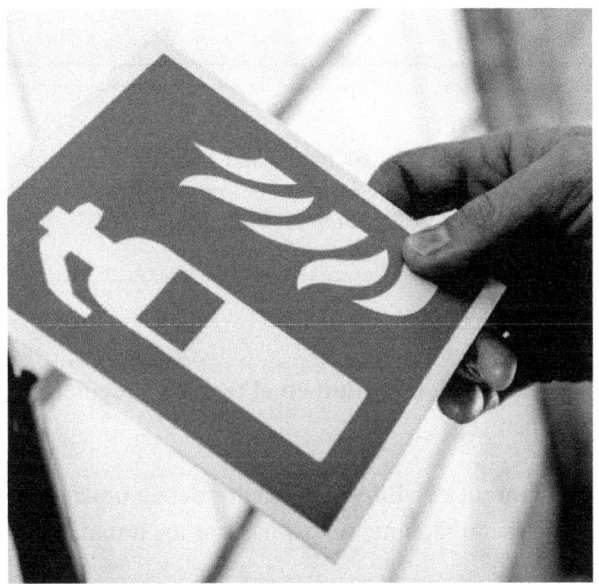

6. **Señales luminosas y acústicas**: son señales complementarias que se utilizan en situaciones de emergencia para alertar a los trabajadores de un peligro inminente, como incendios o evacuaciones.

Ejemplo

En una fábrica donde se manipulan productos inflamables, es común encontrar señales de advertencia de "Peligro: materiales inflamables", junto con señales de prohibición como "Prohibido fumar".

El **Real Decreto 485/1997** establece las disposiciones mínimas sobre **señalización de seguridad y salud en el trabajo**. Según esta normativa, las señales de seguridad deben ser:

▼ **Claramente visibles**: las señales deben ubicarse en lugares estratégicos, donde sean fácilmente visibles por los trabajadores.

▶ **Comprensibles**: el diseño y los símbolos utilizados en las señales deben ser sencillos y claros, para que puedan ser comprendidos por cualquier trabajador, independientemente de su nivel de formación o idioma.

▶ **Estandarizadas**: las señales de seguridad deben cumplir con los estándares establecidos por la normativa, tanto en colores como en formas, para que sean reconocidas universalmente.

El **color** y la **forma** de las señales de seguridad tienen un significado estandarizado:

▶ **Rojo**: prohibición, detención o equipos contra incendios.

▶ **Amarillo**: advertencia.

▼ **Azul**: obligación.

▼ **Verde**: información, salidas de emergencia y primeros auxilios.

Para que las señales de seguridad sean efectivas, deben instalarse **correctamente** y mantenerse en buen estado. Esto implica:

▼ **Ubicación adecuada**: las señales deben colocarse en los puntos críticos del lugar de trabajo, donde el riesgo es más alto o donde se necesita información.

▼ **Visibilidad**: las señales deben ser visibles desde una distancia segura y no deben estar obstruidas por objetos o maquinaria.

▼ **Mantenimiento periódico**: las señales deterioradas o poco visibles deben reemplazarse inmediatamente. Esto incluye la limpieza regular de las señales para garantizar que no estén cubiertas de polvo o suciedad.

Ejemplo

En una planta química, la señalización de "Prohibido el acceso sin autorización" debe estar colocada en las entradas a áreas restringidas, y debe ser visible tanto de día como de noche mediante señales luminosas si es necesario.

2.3 PRUEBA DE AUTOEVALUACIÓN

1. ¿Cuál es el primer paso en la jerarquía de control de riesgos?

a) *Uso de Equipos de Protección Individual (EPI).*

b) *Control técnico.*

c) *Eliminación del riesgo.*

d) *Control administrativo.*

Respuesta correcta: *c) Eliminación del riesgo.*

2. ¿Cuál de los siguientes es un ejemplo de un medio de protección colectiva?

a) *Gafas de protección.*

b) *Casco de seguridad.*

c) *Sistema de ventilación.*

d) *Guantes de protección.*

Respuesta correcta: *c) Sistema de ventilación.*

3. **¿Qué característica define a los medios de protección colectiva?**

   a) *Solo protegen a un trabajador a la vez.*

   b) *Protegen simultáneamente a varios trabajadores.*

   c) *Son opcionales para los trabajadores.*

   d) *Requieren de un mantenimiento diario.*

Respuesta correcta: b) Protegen simultáneamente a varios trabajadores.

4. **¿Cuál de las siguientes afirmaciones es cierta sobre los Equipos de Protección Individual (EPI)?**

   a) *El uso de EPI es el primer paso en la jerarquía de control de riesgos.*

   b) *Los EPI eliminan completamente el riesgo.*

   c) *Los EPI deben utilizarse cuando no se pueden aplicar medidas de protección colectiva.*

   d) *Los EPI son la mejor solución para todos los riesgos laborales.*

Respuesta correcta: c) Los EPI deben utilizarse cuando no se pueden aplicar medidas de protección colectiva.

5. **¿Qué tipo de señal de seguridad indica que una acción está prohibida?**

   a) *Señal de advertencia.*

   b) *Señal de obligación.*

   c) *Señal de prohibición.*

   d) *Señal de información.*

Respuesta correcta: c) Señal de prohibición.

6. *¿Qué color identifica las señales de advertencia en la señalización de seguridad?*

   a) *Rojo.*

   b) *Amarillo.*

   c) *Azul.*

   d) *Verde.*

Respuesta correcta: b) Amarillo

7. *¿Cuál es el paso más importante antes de utilizar un Equipo de Protección Individual (EPI)?*

   a) *Limpiar el equipo después de usarlo.*

   b) *Inspeccionar el EPI para verificar que esté en buen estado.*

   c) *Almacenar el EPI en un lugar seguro.*

   d) *Preguntar a un compañero si el equipo es adecuado.*

Respuesta correcta: b) Inspeccionar el EPI para verificar que esté en buen estado.

8. *¿Cuál es una ventaja clave de los medios de protección colectiva frente a los EPI?*

   a) *No requieren mantenimiento.*

   b) *Protegen solo a un trabajador.*

   c) *Protegen a varios trabajadores simultáneamente.*

   d) *Son más fáciles de utilizar.*

Respuesta correcta: c) Protegen a varios trabajadores simultáneamente.

9. ¿Cuál es el objetivo de las señales de emergencia o evacuación?

  a) *Prohibir la entrada a áreas peligrosas.*

  b) *Indicar las medidas de protección obligatorias.*

  c) *Guiar a los trabajadores hacia las salidas o puntos de reunión en caso de emergencia.*

  d) *Advertir sobre peligros específicos.*

Respuesta correcta: c) Guiar a los trabajadores hacia las salidas o puntos de reunión en caso de emergencia.

10. ¿Cuál es la responsabilidad principal del empleador con respecto a los EPI?

  a) *Almacenar los EPI en un lugar seguro.*

  b) *Seleccionar y proporcionar los EPI adecuados a los trabajadores.*

  c) *Pedir a los trabajadores que compren sus propios EPI.*

  d) *Reemplazar los EPI cada semana*

Respuesta correcta: b) Seleccionar y proporcionar los EPI adecuados a los trabajadores.

3

GESTIÓN DE LA PREVENCIÓN DE RIESGOS LABORALES

3.1 INTRODUCCIÓN A LA GESTIÓN DE LA PREVENCIÓN

La **gestión de la prevención de riesgos laborales** es el conjunto de actividades planificadas que permiten identificar, evaluar y controlar los riesgos presentes en el entorno de trabajo, con el objetivo de garantizar la seguridad y salud de los trabajadores. Una adecuada gestión preventiva no solo contribuye a evitar accidentes y enfermedades profesionales, sino que también mejora el bienestar general y la productividad de la empresa.

La **gestión preventiva** se fundamenta en la creación de un **sistema de prevención** que se integre en todos los niveles de la organización, desde los directivos hasta los empleados. Este sistema debe basarse en la identificación constante de riesgos, la implementación de medidas correctivas y preventivas, y el seguimiento continuo de las condiciones laborales para garantizar que los peligros se mantengan bajo control.

Los elementos clave de la gestión de la prevención son:

1. Evaluación de riesgos

El primer paso en la gestión es la identificación de los riesgos a los que están expuestos los trabajadores, mediante una evaluación exhaustiva de los posibles peligros en el entorno laboral.

2. Planificación preventiva

Una vez identificados los riesgos, es necesario diseñar un plan de prevención que incluya medidas correctivas y preventivas que reduzcan o eliminen estos peligros.

3. Vigilancia de la salud

La empresa debe vigilar la salud de los trabajadores para detectar posibles afecciones relacionadas con el trabajo y prevenir enfermedades profesionales.

4. Formación y concienciación

Es fundamental capacitar a los empleados en las buenas prácticas de seguridad y salud laboral, así como en el uso adecuado de los Equipos de Protección Individual (EPI) y las medidas de prevención colectiva.

5. Seguimiento y revisión

La prevención es un proceso dinámico que requiere un seguimiento continuo y la revisión periódica de las medidas implementadas, adaptándose a los cambios que puedan surgir en las condiciones laborales.

Ejemplo

En una fábrica de productos químicos, la gestión de la prevención incluirá la evaluación de los riesgos de exposición a sustancias tóxicas, la instalación de sistemas de ventilación adecuados, la capacitación de los trabajadores en el manejo seguro de productos químicos y la implementación de un plan de emergencias.

Una correcta gestión de la prevención de riesgos laborales ofrece múltiples beneficios para las empresas y los trabajadores, entre los que destacan:

▶ **Reducción de accidentes y enfermedades profesionales**: al gestionar adecuadamente los riesgos, se minimiza la probabilidad de que ocurran incidentes que afecten la salud de los empleados.

▶ **Cumplimiento normativo**: las empresas que implementan un sistema eficaz de prevención cumplen con la legislación vigente, evitando sanciones y multas.

▶ **Mejora del clima laboral**: un ambiente de trabajo seguro y saludable contribuye al bienestar de los empleados, lo que se traduce en una mayor satisfacción y productividad.

> (i) **Nota**
>
> La Norma ISO 45001, adoptada a nivel internacional, es una de las principales normas de referencia para la gestión de la seguridad y salud en el trabajo. Las empresas que implementan esta norma demuestran un compromiso sólido con la seguridad de sus empleados.

3.1.1 Organismos públicos relacionados con la Seguridad y Salud en el Trabajo

Los **organismos públicos** desempeñan un papel fundamental en la promoción y regulación de la **Seguridad y Salud en el Trabajo (SST)**, asegurando que las empresas cumplan con las normativas vigentes y protejan a sus trabajadores. Estos organismos ofrecen asesoría, supervisan el cumplimiento de las leyes y realizan inspecciones en los centros de trabajo para garantizar que las condiciones laborales sean seguras.

Los principales organismos públicos relacionados con la SST son:

1. **Inspección de Trabajo y Seguridad Social (ITSS)**

   La **Inspección de Trabajo y Seguridad Social (ITSS)** es el organismo encargado de **vigilar el cumplimiento de la legislación laboral**, incluyendo las normativas sobre prevención de riesgos laborales. Su función principal es realizar inspecciones en los centros de trabajo para detectar incumplimientos y asegurar que se apliquen las medidas preventivas adecuadas.

   Las funciones clave de la **ITSS** son las siguientes:

Inspección de centros de trabajo

Verificar el cumplimiento de la normativa en los centros de trabajo, asegurándose de que se respetan las leyes de prevención de riesgos laborales.

Asesoría a empleadores y trabajadores

Proporcionar orientación sobre los derechos y deberes en materia de prevención de riesgos laborales a trabajadores y empleadores.

Sanciones y multas

Imponer sanciones y multas a las
empresas que no cumplan con las
medidas de seguridad establecidas por
la normativa de prevención de riesgos
laborales.

Ejemplo

La ITSS puede realizar una inspección no anunciada en una obra de construcción para verificar si los trabajadores están utilizando los Equipos de Protección Individual (EPI) y si las medidas de protección colectiva, como las barandillas de seguridad, están instaladas correctamente. En caso de incumplimiento, la empresa puede recibir una sanción.

2. **Instituto Nacional de Seguridad y Salud en el Trabajo (INSST)**

El **Instituto Nacional de Seguridad y Salud en el Trabajo (INSST)** es un organismo dependiente del Ministerio de Trabajo que se encarga de **promover la mejora de las condiciones de trabajo** a través de estudios, investigaciones y la elaboración de guías técnicas en materia de prevención de riesgos laborales.

Las funciones del **INSST** son las siguientes:

Investigación de accidentes

Investigar accidentes laborales y enfermedades profesionales para identificar las causas y proponer medidas preventivas.

Desarrollo de normativas

Desarrollar normativas y guías técnicas que ayuden a las empresas a mejorar la seguridad en sus lugares de trabajo.

Divulgación y formación

Ofrecer recursos educativos y herramientas para empleadores y trabajadores en materia de prevención de riesgos laborales.

 **Nota**

El INSST también gestiona una base de datos de enfermedades profesionales y realiza campañas de concienciación sobre la importancia de la prevención de riesgos laborales en sectores de alto riesgo, como la construcción o la minería.

3. **Mutuas colaboradoras de la Seguridad Social**

Las **mutuas** son entidades privadas que colaboran con la Seguridad Social en la gestión de **prestaciones económicas y sanitarias** derivadas de accidentes de trabajo y enfermedades profesionales. También juegan un papel importante en la prevención de riesgos laborales, ofreciendo servicios de asesoría y asistencia técnica a las empresas.

Las funciones de las mutuas son las siguientes:

Gestión de prestaciones

Gestionar las prestaciones en caso de accidente o enfermedad profesional, garantizando el acceso a los derechos de los trabajadores.

Asesoramiento preventivo

Ofrecer asesoramiento a las empresas para identificar y reducir los riesgos laborales, mejorando la seguridad en el lugar de trabajo.

Rehabilitación y readaptación

Proporcionar rehabilitación y readaptación a los trabajadores accidentados o enfermos para facilitar su reinserción laboral.

Nota

Las mutuas también realizan inspecciones y evaluaciones de riesgos en las empresas para garantizar que las condiciones laborales cumplan con las normativas de seguridad y salud.

4. **Comisiones de Seguridad y Salud**

Las **comisiones de seguridad y salud** están formadas por representantes de los trabajadores y de la empresa, con el objetivo de **discutir y mejorar** las políticas de prevención de riesgos laborales en el centro de trabajo. Estas comisiones son obligatorias en empresas con más de 50 trabajadores y tienen la función de asesorar y participar en la implementación de medidas preventivas.

Los organismos públicos y las mutuas colaboran estrechamente para garantizar que las políticas de prevención de riesgos laborales sean efectivas y se apliquen correctamente. Además, ofrecen apoyo técnico a las empresas y desarrollan campañas de concienciación dirigidas a mejorar la cultura de la **Seguridad y Salud en el Trabajo**.

3.1.2 Organización del trabajo preventivo. Rutinas básicas

La **organización del trabajo preventivo** es esencial para garantizar que las actividades relacionadas con la **prevención de riesgos laborales** se realicen de manera eficaz y eficiente. Esto implica la planificación y ejecución de **rutinas básicas** que aseguren que se lleven a cabo las evaluaciones de riesgos, la implementación de medidas preventivas y la supervisión continua de las condiciones laborales.

Los principios de la organización del trabajo preventivo son los siguientes:

Principio	Descripción	Ejemplo
Planificación	El primer paso es la **planificación preventiva**, que implica definir objetivos, establecer prioridades y asignar los recursos necesarios para implementar las medidas de prevención. Debe incluir la **identificación de riesgos**, la definición de **responsabilidades** y un **cronograma** de medidas.	En una fábrica, se crea un plan de prevención para gestionar el uso seguro de maquinaria pesada, asignando responsables y programando inspecciones regulares.
Responsabilidades	La prevención de riesgos laborales debe estar integrada en todos los niveles de la organización. Cada empleado, desde los **directivos** hasta los **operarios**, tiene un rol en la seguridad. Los directivos supervisan, los mandos intermedios garantizan la ejecución, y los trabajadores colaboran y cumplen normas.	Un supervisor de planta asegura que los trabajadores lleven los **EPIs** necesarios y que las máquinas estén en buen estado según las normas de seguridad.
Evaluación continua	El sistema preventivo debe ser revisado y actualizado de manera constante para adaptarse a los cambios en el entorno laboral, como la incorporación de nueva maquinaria o productos. Las **evaluaciones periódicas** permiten detectar deficiencias y mejorar el sistema de prevención.	En una empresa de manufactura, tras la instalación de una nueva línea de producción, se realiza una evaluación para adaptar las medidas de prevención.

Ejemplo

En una planta de manufactura, la organización del trabajo preventivo incluiría la programación de revisiones periódicas de las máquinas para evitar accidentes, así como la asignación de responsables de seguridad en cada área de la planta. Estos responsables deben supervisar que los trabajadores utilicen los Equipos de Protección Individual (EPI) correctamente y reportar cualquier incidente o situación de riesgo.

Las **rutinas básicas** en la prevención de riesgos laborales son las tareas diarias, semanales o periódicas que garantizan que las medidas preventivas se mantengan en funcionamiento. Algunas de las más comunes incluyen:

1. **Inspecciones periódicas**: se deben realizar inspecciones regulares de las instalaciones y equipos para identificar posibles riesgos. Estas inspecciones ayudan a garantizar que los sistemas de seguridad estén operativos y que las condiciones laborales sean seguras.

2. **Revisión de EPI**: es fundamental comprobar que los **Equipos de Protección Individual (EPI)** estén en buen estado antes de su uso, así como garantizar su correcto mantenimiento y almacenamiento.

3. **Formación continua**: la formación y concienciación de los empleados es una rutina básica en la prevención. Esto incluye la realización de cursos periódicos sobre seguridad y el refuerzo de las buenas prácticas en el manejo de maquinaria, productos químicos o cualquier otro elemento de riesgo.

4. **Mantenimiento preventivo**: se refiere al mantenimiento regular de las máquinas, herramientas y equipos de seguridad para garantizar su buen funcionamiento. El mantenimiento preventivo minimiza la probabilidad de accidentes debidos a fallos técnicos.

ⓘ Nota

La implementación de rutinas básicas también contribuye a crear una cultura preventiva dentro de la organización, donde todos los trabajadores adoptan conductas seguras y respetan las normas de seguridad.

3.1.3 Documentación (recogida, elaboración y archivo)

La **documentación en la gestión preventiva** es fundamental para el control y seguimiento de todas las actividades relacionadas con la prevención de riesgos laborales. El mantenimiento adecuado de los documentos permite a la empresa cumplir con la normativa vigente, facilita la evaluación de los riesgos y asegura que todas las medidas preventivas estén correctamente implementadas.

Podemos encontrar distintos tipos de documentación en la prevención de riesgos laborales:

1. **Documentación de evaluación de riesgos**: es el conjunto de informes y registros que recogen los resultados de las **evaluaciones de riesgos** realizadas en la empresa. Esta documentación incluye:

   - Descripción de los riesgos detectados.
   - Grado de peligrosidad de cada riesgo.
   - Medidas preventivas propuestas para cada situación.

2. **Plan de prevención**: es un documento clave que recoge todas las acciones y medidas diseñadas para evitar o minimizar los riesgos laborales en la empresa. El plan de prevención debe estar actualizado y ser conocido por todos los responsables de seguridad y salud laboral.

3. **Registro de formación**: se deben documentar todas las actividades de formación impartidas a los empleados, incluyendo el contenido, los participantes y las fechas de realización. Esto garantiza que los trabajadores han recibido la capacitación adecuada para su puesto de trabajo.

4. **Registros de mantenimiento y revisiones**: los registros de mantenimiento de equipos y las inspecciones periódicas deben estar documentados. Estos registros incluyen la fecha de la revisión, las acciones tomadas y las posibles incidencias detectadas durante la inspección.

Ejemplo

En una empresa química, es necesario que se documenten todas las evaluaciones de riesgo relacionadas con el manejo de productos peligrosos, así como el plan de acción para prevenir incidentes, los cursos de formación impartidos sobre manejo seguro de sustancias y los mantenimientos de las máquinas que manipulan estos productos.

La **elaboración de la documentación** preventiva es un proceso que debe realizarse de manera sistemática, con el fin de garantizar que todos los riesgos estén identificados y que las medidas preventivas estén documentadas de forma clara y accesible. Se realizan dos pasos:

1. **Recogida de datos**: se deben recoger todos los datos relevantes sobre el entorno laboral, los riesgos identificados, las evaluaciones realizadas, los accidentes o incidentes ocurridos, y las acciones preventivas implementadas.

2. **Elaboración de informes**: a partir de los datos recogidos, se deben elaborar informes técnicos que sirvan como base para tomar decisiones preventivas y para evaluar la efectividad de las medidas implementadas.

El **archivo de la documentación preventiva** es fundamental para cumplir con las normativas y para tener un registro histórico que permita analizar la evolución de los riesgos en la empresa. El archivo debe organizarse de manera que la información sea accesible y esté siempre disponible para su consulta, siguiendo tres criterios:

1. **Organización**: la documentación debe organizarse de forma estructurada, dividiendo los registros en categorías como **evaluación de riesgos**, **formación**, **inspecciones** y **planes de emergencia**.

2. **Accesibilidad**: los responsables de prevención deben tener acceso fácil a todos los documentos, y estos deben estar disponibles tanto en formato físico como digital.

3. **Actualización**: los documentos deben ser revisados y actualizados periódicamente para reflejar los cambios en las condiciones laborales, la introducción de nuevas tecnologías o la implementación de medidas preventivas adicionales.

3.2 ESTIÓN DE LA PREVENCIÓN DE RIESGOS LABORALES

La **gestión de la prevención de riesgos laborales** es un proceso integral que tiene como objetivo identificar, evaluar y controlar los riesgos presentes en el entorno laboral, con el fin de prevenir accidentes y enfermedades profesionales. Para que esta gestión sea efectiva, debe estar integrada en todos los niveles de la empresa, desde los directivos hasta los operarios, y debe incluir una planificación adecuada, formación continua y medidas preventivas adecuadas.

Los componentes clave de la gestión de la prevención son los siguientes:

1. **Evaluación de riesgos**: la **evaluación de riesgos** es el punto de partida para la gestión de la prevención. Se trata de un proceso sistemático que permite identificar los peligros existentes en el lugar de trabajo, evaluar su gravedad y establecer medidas preventivas para controlar o eliminar esos riesgos. La evaluación debe revisarse periódicamente, especialmente si ocurren cambios en los procesos o en las condiciones laborales.

2. **Planificación preventiva**: con los resultados de la evaluación de riesgos, se debe elaborar un **plan de prevención** que describa las acciones y medidas que se deben implementar para controlar los riesgos detectados. El plan debe incluir una asignación clara de responsabilidades, un calendario de actuaciones y los recursos necesarios.

3. **Formación y concienciación**: la **formación en prevención de riesgos laborales** es esencial para garantizar que los trabajadores conozcan los riesgos a los que están expuestos y cómo prevenirlos. Todos los empleados deben recibir formación adaptada a su puesto de trabajo, y esta formación debe actualizarse con regularidad.

4. **Vigilancia de la salud**: la **vigilancia de la salud** es una herramienta preventiva que permite detectar de manera temprana los efectos nocivos del trabajo sobre la salud de los empleados. Esto incluye exámenes médicos periódicos, especialmente para aquellos trabajadores expuestos a riesgos específicos, como productos químicos o ruido excesivo.

5. **Seguimiento y control**: la gestión de la prevención no es un proceso estático, sino que debe ser revisado y mejorado continuamente. Las empresas deben establecer mecanismos de seguimiento para comprobar si las medidas preventivas están siendo efectivas y si es necesario realizar ajustes.

Ejemplo

En una planta de fabricación de productos metálicos, se realiza una evaluación de riesgos que identifica el peligro de accidentes por manipulación de maquinaria pesada. A partir de esta evaluación, se implementa un plan de prevención que incluye la instalación de protecciones físicas en las máquinas, la formación de los operarios en el uso seguro de la maquinaria y la realización de inspecciones periódicas.

El empleador es el principal responsable de la **gestión de la prevención de riesgos laborales** en la empresa. Sus responsabilidades incluyen:

- ⛿ **Elaborar y aplicar el plan de prevención**: el empleador debe asegurarse de que se elabore un plan de prevención adecuado y que todas las medidas contenidas en él se implementen correctamente.

- ⛿ **Proporcionar formación y equipos de protección**: el empleador tiene la obligación de garantizar que los trabajadores reciban formación adecuada y continua en prevención de riesgos y de proporcionarles los **Equipos de Protección Individual (EPI)** necesarios para su seguridad.

- ⛿ **Vigilar la salud de los trabajadores**: el empleador debe ofrecer vigilancia de la salud a los trabajadores, asegurando que se realicen los exámenes médicos pertinentes y que se detecten de manera temprana posibles afecciones relacionadas con el trabajo.

- ⛿ **Mantener la documentación**: todas las acciones preventivas, las evaluaciones de riesgos, los registros de formación y las inspecciones deben documentarse adecuadamente, manteniéndose al día y accesibles en caso de una inspección de trabajo.

3.2.1 Representación de los trabajadores

La **representación de los trabajadores** en materia de prevención de riesgos laborales es un derecho fundamental recogido en la legislación. Los trabajadores tienen el derecho de participar en las decisiones que afecten su seguridad y salud en el trabajo a través de representantes elegidos democráticamente. Estos representantes actúan como intermediarios entre los empleados y la empresa, defendiendo los intereses de los trabajadores en cuanto a la prevención de riesgos y la mejora de las condiciones laborales.

Los **delegados de prevención** son los representantes de los trabajadores encargados específicamente de velar por la seguridad y salud en el trabajo. Estos delegados son elegidos por y entre los trabajadores, y sus principales funciones son:

1. **Colaborar con la empresa en la mejora de la prevención**: los delegados de prevención colaboran con el empresario en la elaboración y aplicación de las políticas de prevención, y proponen mejoras para reducir los riesgos laborales.

2. **Vigilar el cumplimiento de la normativa**: uno de los principales roles de los delegados es asegurar que se cumplan las normativas de seguridad y salud laboral en la empresa. Para ello, tienen derecho a acceder a la información sobre la prevención de riesgos y a participar en las evaluaciones de riesgos.

3. **Promover la concienciación en seguridad**: los delegados de prevención juegan un papel importante en la sensibilización de los trabajadores sobre la importancia de la seguridad laboral, fomentando una cultura de prevención en el lugar de trabajo.

4. **Presentar quejas y sugerencias**: si los trabajadores detectan deficiencias en la prevención de riesgos laborales, pueden comunicarlo a través de los delegados de prevención, quienes tienen la responsabilidad de presentar esas quejas al empresario o al servicio de prevención para que se tomen medidas correctivas.

Ejemplo

En una fábrica textil, un grupo de trabajadores se queja de que las máquinas presentan un ruido excesivo, lo que afecta su salud auditiva. El delegado de prevención recoge las quejas y se encarga de transmitirlas a la empresa, exigiendo que se realice una evaluación de riesgos y que se proporcionen protecciones auditivas adecuadas.

El **Comité de Seguridad y Salud** es un órgano de participación que debe formarse en todas las empresas o centros de trabajo que cuenten con más de 50 empleados. Este comité está compuesto por los delegados de prevención y por representantes de la empresa, y sus funciones principales son:

1. **Participar en la elaboración del plan de prevención**: el comité tiene la obligación de colaborar en la planificación preventiva y supervisar su implementación.

2. **Realizar inspecciones periódicas**: los miembros del comité pueden realizar inspecciones en el lugar de trabajo para detectar posibles riesgos o verificar el cumplimiento de las medidas preventivas.

3. **Informar y asesorar**: el comité informa a la dirección sobre los riesgos que se detecten en el entorno laboral y asesora sobre las medidas preventivas más eficaces para controlarlos.

4. **Proponer medidas preventivas**: los representantes de los trabajadores en el comité pueden proponer nuevas medidas de seguridad y salud para mejorar las condiciones laborales de la empresa.

(i) Nota

La Ley de Prevención de Riesgos Laborales (Ley 31/1995) establece los derechos y deberes de los trabajadores en materia de seguridad y salud en el trabajo, incluyendo la representación de los trabajadores a través de los delegados de prevención y los comités de seguridad y salud.

Además de participar activamente a través de sus representantes, los trabajadores tienen derechos y deberes individuales en materia de prevención de riesgos laborales:

- **Derecho a una protección eficaz**: todos los trabajadores tienen derecho a trabajar en un entorno seguro, con medidas preventivas adecuadas que minimicen los riesgos laborales.

- **Derecho a la formación en prevención**: los trabajadores deben recibir formación teórica y práctica en prevención de riesgos laborales, ajustada a los riesgos específicos de su puesto de trabajo.

- **Deber de utilizar los equipos de protección**: los trabajadores están obligados a utilizar correctamente los **Equipos de Protección Individual (EPI)** proporcionados por la empresa y a seguir las normas de seguridad establecidas.

- **Deber de informar**: los empleados tienen el deber de informar a sus superiores o a los delegados de prevención sobre cualquier situación que pueda suponer un riesgo para su seguridad o la de sus compañeros.

3.2.2 Coordinación de actividades empresariales

La **coordinación de actividades empresariales** es un aspecto clave en la **gestión de la prevención de riesgos laborales** cuando varias empresas coinciden en un mismo centro de trabajo o en una misma obra. La normativa exige que todas las empresas que compartan un espacio de trabajo **colaboren** para garantizar la seguridad de todos los trabajadores, independientemente de la empresa a la que pertenezcan. Esta coordinación tiene como objetivo reducir los riesgos que puedan surgir debido a la interacción entre los trabajadores de diferentes empresas y prevenir accidentes laborales.

La **Ley de Prevención de Riesgos Laborales (LPRL)** establece que las empresas deben cooperar cuando existan actividades concurrentes en un mismo centro de trabajo. Este principio de **coordinación preventiva** garantiza que las medidas de seguridad adoptadas por una empresa no interfieran con las de otra y que los riesgos derivados de las actividades empresariales conjuntas sean gestionados de manera eficaz.

Las obligaciones de las empresas en la coordinación de actividades empresariales son las siguientes:

Intercambio de información

Todas las empresas que operen en un mismo centro de trabajo deben intercambiar información sobre los riesgos y las medidas preventivas implementadas. Este intercambio es esencial para identificar riesgos comunes o nuevos.

Designación de un coordinador de seguridad

Cuando dos o más empresas operan simultáneamente en un centro de trabajo, es necesario designar un coordinador de seguridad que supervise las actividades preventivas y garantice el cumplimiento de las normativas.

Control de las actividades concurrentes

Las empresas deben supervisar que las medidas preventivas acordadas se implementen adecuadamente, verificando el uso de EPI y sistemas de protección colectiva por todos los trabajadores.

Evaluaciones conjuntas

Además de las evaluaciones de riesgos individuales, es necesario realizar una evaluación conjunta que tenga en cuenta los posibles riesgos adicionales derivados de la coexistencia de actividades empresariales.

....

Ejemplo

En una obra de construcción en la que varias empresas subcontratadas trabajan simultáneamente (electricistas, fontaneros, albañiles), es fundamental que todas las empresas intercambien información sobre los riesgos que sus actividades implican. Además, el coordinador de seguridad debe asegurarse de que todos los trabajadores respeten las medidas preventivas establecidas, como el uso de arneses y la señalización de áreas peligrosas.

....

Dependiendo del tipo de actividades y del número de empresas concurrentes, existen varias formas de coordinación que deben implementarse:

1. **Coordinación mediante reuniones periódicas**: las empresas deben celebrar reuniones periódicas entre los responsables de prevención de riesgos laborales para coordinar las actividades preventivas. Estas

reuniones permiten discutir posibles conflictos entre las medidas de seguridad adoptadas por cada empresa.

2. **Coordinación documental**: el intercambio de documentación sobre prevención de riesgos laborales es esencial para asegurar que todas las empresas implicadas conozcan los riesgos y las medidas de prevención. Este intercambio incluye la evaluación de riesgos, los planes de prevención y los informes sobre el uso de EPI.

3. **Supervisión directa**: en algunos casos, es necesario designar a un coordinador o recurso preventivo que supervise directamente las actividades para garantizar que todas las empresas cumplan con las normativas y medidas de seguridad.

Nota

El Real Decreto 171/2004, que desarrolla el artículo 24 de la Ley de Prevención de Riesgos Laborales, regula en detalle los requisitos de coordinación de actividades empresariales, incluyendo las obligaciones de las empresas contratistas, subcontratistas y trabajadoras autónomas en esta materia.

Una correcta **coordinación de actividades empresariales** ofrece múltiples beneficios, tanto para las empresas como para los trabajadores:

- ▶ **Reducción de accidentes**: la cooperación entre empresas y la gestión conjunta de los riesgos minimiza la posibilidad de accidentes causados por la falta de coordinación.

- ▶ **Mejora de las condiciones de trabajo**: la coordinación permite identificar y controlar de manera más eficiente los riesgos específicos de cada actividad, mejorando las condiciones de seguridad en el centro de trabajo.

- ▶ **Cumplimiento normativo**: las empresas que colaboran adecuadamente en la gestión de los riesgos laborales garantizan que se cumplen todas las disposiciones legales, evitando sanciones por incumplimientos en materia de seguridad y salud.

3.2.3 Descripción del recurso preventivo

El **recurso preventivo** es una figura esencial en la gestión de la seguridad y salud en el trabajo. Se trata de una persona o conjunto de personas que la empresa designa específicamente para **supervisar el cumplimiento de las medidas preventivas** en actividades consideradas de especial riesgo o peligrosidad. Su presencia es obligatoria en ciertos trabajos que, por su naturaleza, presentan un nivel elevado de riesgo.

El **recurso preventivo** tiene la responsabilidad de garantizar que se cumplen todas las medidas de seguridad y que los trabajadores adoptan las precauciones necesarias para evitar accidentes laborales. Sus funciones principales son:

1. **Supervisión directa de las actividades peligrosas**: el recurso preventivo debe estar presente en aquellas actividades en las que los riesgos son elevados, como trabajos en altura, en espacios confinados o en operaciones con maquinaria peligrosa. Durante estas actividades, el recurso preventivo vigila que se apliquen correctamente las medidas de seguridad establecidas.

2. **Detección de situaciones de riesgo**: además de supervisar las actividades de riesgo, el recurso preventivo debe estar alerta para identificar cualquier situación que pueda comprometer la seguridad de los trabajadores, informando inmediatamente a los responsables para que se tomen las medidas correctivas necesarias.

3. **Asegurarse del uso correcto de los EPI**: es responsabilidad del recurso preventivo garantizar que todos los trabajadores utilizan correctamente los **Equipos de Protección Individual (EPI)** proporcionados por la empresa, verificando que estos se encuentren en buen estado y que se usen según las normativas.

4. **Coordinar la intervención en caso de emergencia**: en situaciones de emergencia o en caso de accidente, el recurso preventivo debe coordinar la intervención de los equipos de rescate y primeros auxilios, asegurándose de que las medidas de evacuación y socorro se lleven a cabo de manera eficiente.

Ejemplo

Durante la construcción de una estructura en altura, el recurso preventivo debe estar presente para supervisar que los trabajadores utilizan los arneses de seguridad correctamente, que las barandillas y redes de protección están bien instaladas, y que las condiciones climáticas no representan un riesgo adicional.

La normativa establece que el **recurso preventivo** debe estar presente en actividades o procesos laborales donde:

- Existan **riesgos especiales**, como en trabajos en altura, manejo de productos peligrosos o en espacios confinados.

- Se utilicen **equipos de trabajo peligrosos** o maquinaria que pueda poner en peligro la integridad física de los trabajadores.

- Se desarrollen **actividades peligrosas simultáneamente** en el mismo espacio de trabajo, como en el caso de obras o fábricas donde interactúan varios equipos de trabajo.

El **Real Decreto 604/2006**, que modifica el **Real Decreto 39/1997** del Reglamento de los Servicios de Prevención, establece la obligatoriedad de designar recursos preventivos en las actividades de riesgo mencionadas.

El recurso preventivo debe tener una **formación específica** en prevención de riesgos laborales, así como la **cualificación** necesaria para evaluar y supervisar los riesgos presentes en las actividades bajo su responsabilidad. Además, debe contar con la **autoridad suficiente** para detener la actividad si detecta que no se están cumpliendo las medidas preventivas establecidas.

Las características del recurso preventivo son:

🏴 **Conocimiento técnico** sobre los riesgos asociados a las actividades que debe supervisar.

🏴 **Capacidad de intervención** para aplicar correcciones en caso de incumplimiento de las medidas de seguridad.

🏴 **Habilidad para coordinar** con otros responsables de seguridad y salud laboral en caso de emergencia.

ⓘ Nota

En empresas con altos niveles de riesgo, como en el sector de la construcción o la minería, la presencia de un recurso preventivo capacitado y autorizado es una de las medidas más importantes para prevenir accidentes graves y garantizar la seguridad en las actividades diarias.

La designación de un recurso preventivo en actividades de riesgo proporciona una serie de ventajas para la empresa y los trabajadores:

🏴 **Prevención activa de accidentes**: la presencia constante de un recurso preventivo permite la detección y corrección de riesgos de forma inmediata, reduciendo significativamente la posibilidad de que ocurran accidentes graves.

🏴 **Mejora en la aplicación de las medidas preventivas**: la supervisión continua por parte del recurso preventivo asegura que las medidas de seguridad se implementen de manera correcta y que se utilicen los EPI de forma adecuada.

🏴 **Cumplimiento normativo**: las empresas que cuentan con un recurso preventivo cumplen con la normativa vigente en materia de prevención, evitando sanciones o penalizaciones por parte de las autoridades laborales.

3.2.4 Clasificación de los organismos públicos

Los **organismos públicos** relacionados con la **prevención de riesgos laborales** y la **seguridad y salud en el trabajo** desempeñan un papel fundamental en la supervisión, promoción y control de las políticas de seguridad laboral. Estos organismos están encargados de velar por el cumplimiento de la legislación en materia de **prevención de riesgos** y de garantizar que los derechos de los trabajadores se respeten. Los principales organismos públicos que intervienen en esta área son:

Organismo	Descripción	Funciones clave	Ejemplo
Ministerio de Trabajo y Economía Social	Organismo rector a nivel nacional encargado de formular y coordinar las políticas laborales, incluyendo las relacionadas con la **prevención de riesgos laborales**. Supervisa el cumplimiento de normativas laborales y ofrece asesoramiento tanto a empleadores como a trabajadores.	• Formulación de políticas laborales • Coordinación de prevención • Asesoría laboral	Establece nuevas normativas sobre ergonomía laboral y seguridad en sectores industriales para reducir accidentes laborales.
Inspección de Trabajo y Seguridad Social (ITSS)	Organismo clave en la **vigilancia y control** del cumplimiento de la legislación en seguridad y salud laboral. Realiza inspecciones en los centros de trabajo para verificar la correcta aplicación de medidas preventivas y puede imponer sanciones en caso de incumplimiento.	• Inspecciones laborales • Supervisión de prevención • Asesoría en seguridad	Un inspector de la ITSS revisa una fábrica para asegurarse de que las medidas de seguridad en el uso de maquinaria pesada están implementadas y funcionando adecuadamente.

Organismo	Descripción	Funciones clave	Ejemplo
Instituto Nacional de Seguridad y Salud en el Trabajo (INSST)	Organismo encargado de la **investigación, promoción y desarrollo** de buenas prácticas en prevención de riesgos laborales. Elabora guías, estudios y documentos técnicos que ayudan a mejorar políticas preventivas. También coordina programas de formación y sensibilización.	• Investigación en salud laboral • Desarrollo de normativas técnicas • Promoción y formación	El INSST publica una guía sobre la prevención de riesgos ergonómicos en el sector logístico para mejorar las condiciones de los trabajadores que manejan cargas pesadas.
Mutuas colaboradoras de la Seguridad Social	Entidades privadas que colaboran con la **Seguridad Social** en la gestión de prestaciones derivadas de accidentes de trabajo y enfermedades profesionales. Ofrecen asesoramiento preventivo a las empresas y ayudan a implementar medidas de seguridad adecuadas.	• Gestión de prestaciones • Asesoría preventiva • Rehabilitación de trabajadores accidentados	Una mutua asesora a una empresa de construcción sobre el uso adecuado de arneses de seguridad para prevenir accidentes por caídas en altura.

Ejemplo

Si una empresa no cumple con las normativas de seguridad y se detectan fallos en sus medidas de prevención, la ITSS puede realizar una inspección, sancionar a la empresa y exigir la corrección de las deficiencias observadas.

Por su parte, los organismos autonómicos y locales son los siguientes:

Organismo	Descripción	Funciones clave	Ejemplo
Institutos regionales de seguridad y salud laboral	Organismos autonómicos encargados de adaptar las políticas nacionales de **prevención de riesgos laborales** a las necesidades específicas de cada región. Promueven la seguridad en las empresas de su territorio mediante asesoramiento y campañas.	• Adaptación normativa autonómica • Asesoramiento a empresas locales • Campañas de sensibilización regionales	El Instituto Regional de Madrid lanza una campaña sobre el uso adecuado de EPIs en el sector de la construcción adaptada a las necesidades de las empresas de la región.
Ayuntamientos	Las administraciones locales supervisan el cumplimiento de las normativas de **seguridad laboral** en proyectos locales. También coordinan y supervisan la aplicación de políticas preventivas en **obras públicas** o desarrollos locales.	• Supervisión local • Coordinación de políticas preventivas • Aplicación de normas en obras públicas	El ayuntamiento de Barcelona supervisa el cumplimiento de las normas de seguridad en una obra de desarrollo urbano, garantizando el uso de arneses y cascos en trabajadores.

 **Nota**

El Real Decreto 39/1997, que establece el Reglamento de los Servicios de Prevención, define las competencias de los organismos nacionales, autonómicos y locales en materia de seguridad laboral y prevención de riesgos.

3.2.5 Representación de rutinas básicas

La **representación de las rutinas básicas** en la gestión de la **prevención de riesgos laborales** es esencial para garantizar la **continuidad y efectividad** de las medidas preventivas en cualquier empresa. Las rutinas básicas consisten en una serie de actividades periódicas que permiten a las organizaciones mantener el control de los riesgos en el lugar de trabajo y asegurar que las medidas implementadas funcionen adecuadamente.

Las principales rutinas básicas en la prevención son:

1. **Inspecciones periódicas de seguridad**

   - Las **inspecciones de seguridad** son actividades planificadas que tienen como objetivo revisar el estado de las instalaciones, los equipos y las herramientas utilizadas en el trabajo. Estas inspecciones permiten identificar **riesgos potenciales** y corregirlos antes de que se conviertan en problemas graves.

   - **Frecuencia**: semanal, mensual o trimestral, dependiendo del nivel de riesgo de la actividad.

Ejemplo

En una planta industrial, las inspecciones periódicas pueden incluir la revisión de los sistemas de ventilación y las máquinas para asegurarse de que estén funcionando correctamente y no representen un peligro para los trabajadores.

---

2. **Mantenimiento preventivo**

   - El **mantenimiento preventivo** es una rutina básica que asegura que las máquinas, herramientas y equipos se mantengan en condiciones óptimas de uso. Esto reduce el riesgo de accidentes provocados por fallos técnicos o mal funcionamiento de los equipos.

   - **Frecuencia**: programada según el uso de los equipos y su ciclo de vida.

3. **Formación continua en prevención**

   - La **formación continua** es fundamental para que los trabajadores se mantengan actualizados sobre los riesgos que existen en su entorno laboral y sobre las nuevas medidas de seguridad que puedan implementarse. La formación debe incluir tanto aspectos teóricos como prácticos.

   - **Frecuencia**: anual o cada vez que se introduzcan nuevos procesos o equipos.

 **Nota**

Es esencial que todos los trabajadores, desde operarios hasta directivos, reciban la formación adecuada en prevención de riesgos para que las rutinas básicas se realicen correctamente y las medidas preventivas sean efectivas.

4. **Revisión y actualización de los EPI**

- Los **Equipos de Protección Individual (EPI)** deben revisarse de forma periódica para asegurarse de que están en buen estado y siguen cumpliendo con su función protectora. Esta revisión incluye tanto la verificación del estado físico de los equipos como la formación continua en su uso adecuado.

- **Frecuencia**: antes de cada uso y revisión mensual o trimestral de todos los equipos.

5. **Evaluación periódica de riesgos**

- Las **evaluaciones de riesgos** no son solo un requisito legal, sino también una rutina fundamental para detectar cambios en el entorno de trabajo que puedan generar nuevos riesgos. Estas evaluaciones deben realizarse de manera periódica y siempre que se introduzcan cambios significativos en los procesos o equipos.

- **Frecuencia**: anual o cada vez que se produzca un cambio en las condiciones de trabajo.

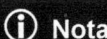 **Nota**

El Real Decreto 486/1997 establece los requisitos mínimos de seguridad en los lugares de trabajo, que incluyen la necesidad de realizar inspecciones periódicas y mantener al día las rutinas básicas de prevención.

Las ventajas de implementar rutinas básicas son:

Prevención activa

Las rutinas básicas permiten una prevención activa de los riesgos, evitando accidentes y mejorando el bienestar de los trabajadores en lugar de reaccionar solo cuando ocurre un incidente.

Mejora continua

Realizando evaluaciones, inspecciones y formaciones periódicas, las empresas pueden ajustar y mejorar continuamente sus medidas de prevención de acuerdo a los nuevos riesgos y tecnologías.

Cumplimiento normativo

Mantener las rutinas básicas actualizadas asegura que la empresa cumpla con las normativas vigentes, evitando sanciones y mejorando su reputación en términos de seguridad laboral.

3.3 PRUEBA DE AUTOEVALUACIÓN

1. **¿Cuál es el primer paso en la gestión de la prevención de riesgos laborales?**

   a) Elaborar un plan de formación.

   b) Realizar una evaluación de riesgos.

   c) Implementar medidas preventivas.

   d) Supervisar las condiciones de trabajo.

Respuesta correcta: b) Realizar una evaluación de riesgos.

2. **¿Qué organismo es responsable de la vigilancia del cumplimiento de la legislación en prevención de riesgos laborales en España?**

   a) Instituto Nacional de Seguridad y Salud en el Trabajo (INSST).

   b) Inspección de Trabajo y Seguridad Social (ITSS).

   c) Ministerio de Sanidad.

   d) Mutuas de la Seguridad Social.

Respuesta correcta: b) Inspección de Trabajo y Seguridad Social (ITSS).

3. **¿Qué función tiene el Instituto Nacional de Seguridad y Salud en el Trabajo (INSST)?**

   a) Realizar inspecciones en los centros de trabajo.

   b) Gestionar las prestaciones por accidentes de trabajo.

   c) Promover la mejora de las condiciones de trabajo mediante estudios y guías técnicas.

   d) Supervisar la entrega de Equipos de Protección Individual (EPI).

Respuesta correcta: c) Promover la mejora de las condiciones de trabajo mediante estudios y guías técnicas.

4. ¿Qué actividades requieren la presencia de un recurso preventivo?

a) Actividades con bajo nivel de riesgo.

b) Actividades que impliquen riesgos especiales, como trabajos en altura o espacios confinados.

c) Actividades administrativas sin riesgos físicos.

d) Todas las actividades laborales sin excepción.

Respuesta correcta: b) Actividades que impliquen riesgos especiales, como trabajos en altura o espacios confinados.

5. ¿Qué es la coordinación de actividades empresariales?

a) La gestión de los contratos entre empresas.

b) La planificación de las vacaciones de los trabajadores.

c) La colaboración entre empresas que operan en un mismo centro de trabajo para gestionar los riesgos laborales.

d) La supervisión de los beneficios empresariales.

Respuesta correcta: c) La colaboración entre empresas que operan en un mismo centro de trabajo para gestionar los riesgos laborales.

6. ¿Cuál es la función principal de las mutuas colaboradoras de la Seguridad Social?

a) Imponer sanciones a las empresas que incumplen las normativas.

b) Gestionar las prestaciones por accidentes de trabajo y enfermedades profesionales.

c) Realizar inspecciones de seguridad en el lugar de trabajo.

d) Dictar las políticas laborales del país.

Respuesta correcta: b) Gestionar las prestaciones por accidentes de trabajo y enfermedades profesionales.

7. **¿Qué documento recoge las acciones y medidas que se deben implementar para reducir o eliminar los riesgos laborales?**

a) Registro de formación.

b) Plan de prevención.

c) Evaluación de riesgos.

d) Informe del recurso preventivo.

Respuesta correcta: b) Plan de prevención.

8. **¿Qué tipo de mantenimiento asegura que las máquinas y herramientas se mantengan en condiciones óptimas para prevenir accidentes?**

a) Mantenimiento preventivo.

b) Mantenimiento correctivo.

c) Mantenimiento reactivo.

d) Mantenimiento informático.

Respuesta correcta: a) Mantenimiento preventivo.

9. **¿Qué se debe hacer antes de usar los Equipos de Protección Individual (EPI)?**

a) Limpiar los equipos después de usarlos.

b) Revisar que los EPI estén en buen estado.

c) Preguntar a un compañero si los EPI son correctos.

d) Guardar los EPI en el almacén.

Respuesta correcta: b) Revisar que los EPI estén en buen estado.

10.¿Qué es una rutina básica en la gestión de la prevención de riesgos laborales?

   a) La realización de inspecciones periódicas en el lugar de trabajo.

   b) La contratación de nuevo personal.

   c) La elaboración de informes de ventas.

   d) La creación de horarios de trabajo.

Respuesta correcta: a) La realización de inspecciones periódicas en el lugar de trabajo.

4

ELEMENTOS BÁSICOS DE PRIMEROS AUXILIOS

4.1 ANÁLISIS PRIMEROS AUXILIOS Y SALUD

Los primeros auxilios son las acciones inmediatas que se aplican a una persona que ha sufrido un accidente o una emergencia médica, con el objetivo de preservar la vida, evitar complicaciones y mejorar las posibilidades de recuperación antes de que llegue la asistencia médica profesional.

El **análisis de primeros auxilios** se refiere a la identificación de las necesidades inmediatas de una persona lesionada o enferma y la aplicación de las medidas básicas para mantener sus funciones vitales hasta que llegue la ayuda especializada. Este análisis incluye la evaluación del estado de la víctima, la identificación de los problemas más graves y la toma de decisiones rápidas para aplicar las acciones adecuadas.

Los primeros auxilios tienen tres objetivos principales, conocidos como las **tres P**:

1. **Preservar la vida**: el objetivo principal es evitar que la víctima sufra daños mayores y mantenerla con vida.

2. **Prevenir el empeoramiento**: se deben tomar medidas para evitar que la situación de la persona empeore antes de que llegue la asistencia médica profesional. Esto incluye acciones como detener hemorragias, inmovilizar fracturas o proporcionar respiración artificial.

3. **Promover la recuperación**: al proporcionar atención inicial, se pueden minimizar las complicaciones a largo plazo y aumentar las posibilidades de recuperación completa.

Ejemplo

Si un trabajador sufre una caída grave en el lugar de trabajo, el análisis inicial debe incluir la evaluación de su conciencia, su capacidad para respirar y la identificación de cualquier fractura visible o sangrado. En base a este análisis, se debe aplicar la técnica adecuada, como controlar la hemorragia o inmovilizar la zona afectada.

En una situación de emergencia, es fundamental realizar una evaluación rápida y precisa tanto de la situación como de la condición de la víctima. Para ello, se deben seguir estos pasos:

1. Evaluar el entorno

Antes de acercarse a la víctima, asegúrate de que el entorno sea seguro tanto para el socorrista como para la persona lesionada. En caso de peligro, toma medidas para minimizar el riesgo o traslada a la víctima si es seguro hacerlo.

2. Comprobar el estado de consciencia

Si la persona no responde, comprueba si está consciente con estímulos verbales y físicos suaves. Si no responde, considera que está inconsciente y prioriza iniciar maniobras de resucitación si es necesario.

3. Evaluar la respiración y el pulso

Si la víctima no respira o no tiene pulso, inicia inmediatamente la Reanimación Cardiopulmonar (RCP). Si la persona respira, observa signos de lesión, como hemorragias, fracturas o heridas.

4. Atender lesiones visibles

Si se detectan hemorragias o fracturas, trátalas de inmediato. En caso de sangrado abundante, es crucial detener la hemorragia aplicando presión directa sobre la herida.

(i) Nota

La evaluación de la víctima debe ser rápida, pero detallada, priorizando siempre las funciones vitales como la respiración y la circulación sanguínea. En algunos casos, la simple estabilización de una persona en una posición segura puede prevenir complicaciones.

Una de las formas más efectivas de garantizar que los primeros auxilios se apliquen correctamente es proporcionar **formación adecuada** a los trabajadores. Este tipo de formación debe incluir tanto conocimientos teóricos como entrenamiento práctico en técnicas como la **RCP**, el uso de **desfibriladores** y la atención de heridas o fracturas.

4.1.1 Procedimiento general RCP-CAB

La **Reanimación Cardiopulmonar (RCP)** es una técnica de primeros auxilios que se utiliza para **restablecer las funciones cardíaca y respiratoria** de una persona que ha sufrido un paro cardíaco. Esta técnica es vital, ya que las posibilidades de supervivencia disminuyen drásticamente si no se aplican compresiones torácicas y respiración artificial dentro de los primeros minutos tras el colapso.

El procedimiento general para realizar la RCP se basa en el **método CAB**, que incluye **Compresiones**, **Apertura de la vía aérea** y **Respiración**. A continuación, se describe cada uno de estos pasos en detalle.

Paso 1: compresiones (C)

Las **compresiones torácicas** son el primer paso en el procedimiento de RCP y consisten en comprimir el pecho de la persona de manera rítmica para mantener la circulación de la sangre al cerebro y otros órganos vitales:

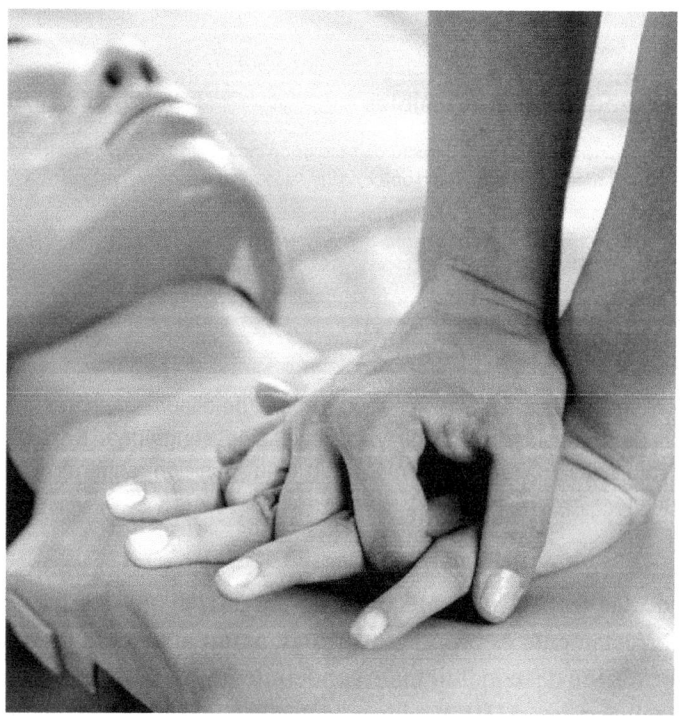

Las compresiones deben realizarse de la siguiente manera:

▼ **Posición correcta**: colocar las manos una sobre otra en el centro del pecho de la víctima, justo entre los pezones. El socorrista debe usar el peso de su cuerpo para realizar las compresiones, manteniendo los brazos rectos.

▼ **Frecuencia y profundidad**: las compresiones deben ser rápidas, a un ritmo de **100 a 120 compresiones por minuto**, y profundas, comprimiendo el pecho unos **5 a 6 centímetros** en adultos.

▼ **Ciclo de compresiones**: se deben realizar **30 compresiones seguidas**, asegurándose de que el pecho se eleve completamente entre cada compresión.

> ⓘ **Nota**
>
> La calidad de las compresiones es crítica. Si no se comprime lo suficiente o el ritmo es demasiado lento, la efectividad de la RCP se reduce considerablemente.

Paso 2: apertura de la vía aérea (A)

Después de realizar las compresiones, el siguiente paso es **abrir la vía aérea** de la víctima para poder proporcionarle respiración:

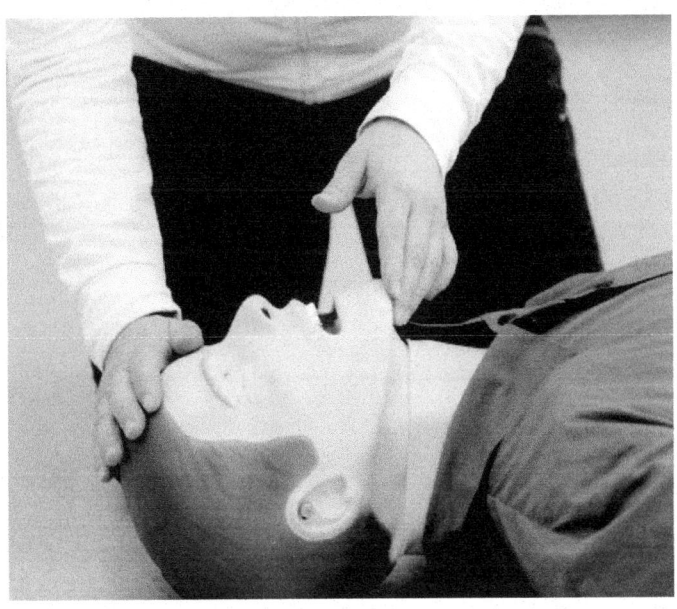

La apertura de la vía aérea se realiza mediante la técnica de **inclinación de la cabeza y elevación del mentón**:

▸ Colocar una mano en la frente de la persona y la otra bajo su barbilla.

▸ Inclinar suavemente la cabeza hacia atrás y levantar el mentón hacia arriba para abrir la vía aérea. Esto ayuda a evitar que la lengua bloquee el paso del aire.

Paso 3: respiración (B)

El tercer paso del procedimiento es proporcionar **respiración artificial** a la víctima:

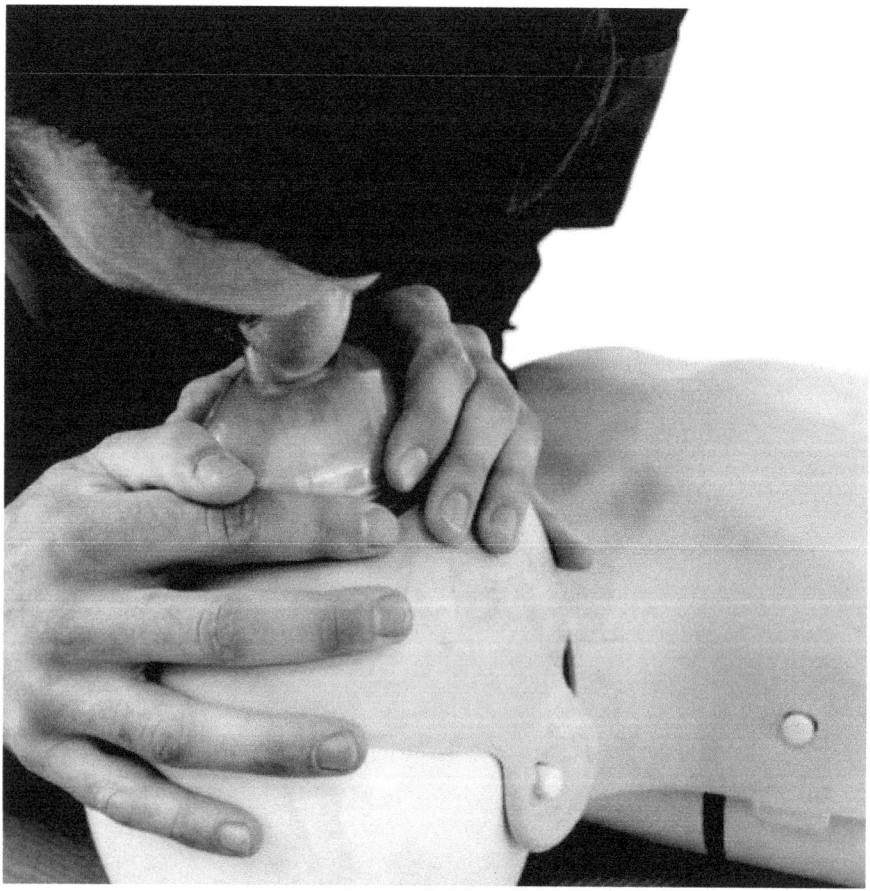

Esto se conoce como **respiración boca a boca** y debe realizarse de la siguiente manera:

- **Sellar la boca de la víctima**: el socorrista debe sellar la boca de la víctima con la suya, asegurándose de que no haya fugas de aire. La nariz de la víctima debe estar cerrada usando los dedos del socorrista.

- **Administrar el aire**: sople de manera suave y continua en la boca de la víctima hasta ver que su pecho se eleva. Esto indica que el aire está entrando en los pulmones.

- **Ciclo de respiraciones**: proporcionar **2 respiraciones** después de cada ciclo de 30 compresiones. Cada respiración debe durar aproximadamente 1 segundo.

Ejemplo

Si un trabajador sufre un paro cardíaco repentino en el lugar de trabajo, el socorrista debe iniciar rápidamente el procedimiento RCP-CAB, comenzando con 30 compresiones torácicas seguidas de la apertura de la vía aérea y 2 respiraciones boca a boca.

Continúa la RCP hasta que...

La **RCP** debe continuar hasta que:

1. Llegue la ayuda médica profesional.

2. La persona recupere la consciencia o empiece a respirar normalmente.

3. El socorrista esté físicamente agotado y no pueda continuar.

(i) Nota

El uso de un desfibrilador externo automático (DEA) puede mejorar considerablemente las posibilidades de supervivencia en caso de paro cardíaco. Los DEA son dispositivos que analizan el ritmo cardíaco y, si es necesario, administran una descarga eléctrica para restablecer el ritmo normal del corazón.

4.1.2 Control de salud

El **control de salud** en el ámbito de la prevención de riesgos laborales es una medida fundamental para garantizar la seguridad y bienestar de los trabajadores. Consiste en la **vigilancia periódica** de la salud de los empleados con el fin de detectar y prevenir posibles enfermedades profesionales, evaluar su capacidad para realizar las tareas asignadas y protegerlos frente a los riesgos específicos de su entorno laboral.

El **control de salud** no solo tiene un valor preventivo, sino también legal, ya que está regulado por normativas que buscan minimizar el impacto de las actividades laborales sobre la salud de los empleados. Esta vigilancia debe estar integrada en el sistema de **gestión preventiva** de la empresa y debe adaptarse a las condiciones y características específicas de cada puesto de trabajo.

El **control de salud** en el trabajo tiene varios objetivos clave:

Detección precoz

Identificar de manera temprana señales de enfermedad relacionada con el trabajo permite intervenir antes de que se agrave.

Aptitud laboral

Determinar si los trabajadores están en condiciones de realizar su trabajo de forma segura y eficaz, especialmente en labores de riesgo elevado.

Adaptación del puesto

Proponer cambios en las
condiciones laborales cuando
se detectan problemas de
salud que pueden agravarse
con el tipo de actividad
realizada.

Prevención de riesgos

Evaluar los riesgos laborales y
tomar medidas para reducir la
exposición de los trabajadores
a dichos peligros.

Ejemplo

En una empresa donde los trabajadores están expuestos al ruido constante,
el control de salud puede incluir exámenes auditivos periódicos para
detectar la pérdida de audición a tiempo y reducir la exposición mediante
medidas preventivas, como la entrega de protectores auditivos.

Existen diferentes modalidades de **control de salud** en el entorno laboral, dependiendo del tipo de actividad realizada y del nivel de riesgo al que están expuestos los trabajadores:

1. **Reconocimientos médicos periódicos**: exámenes regulares que evalúan la salud general del trabajador y su capacidad para realizar su trabajo. Estos exámenes pueden incluir análisis de sangre, pruebas de capacidad pulmonar, exámenes auditivos y visuales, entre otros.

2. **Reconocimientos médicos específicos**: dirigidos a trabajadores que realizan actividades con **riesgos específicos**, como la exposición a sustancias químicas, radiaciones o condiciones extremas. Estos reconocimientos están orientados a detectar posibles efectos adversos relacionados con la exposición a estos riesgos.

3. **Evaluaciones iniciales**: cuando un trabajador se incorpora a la empresa o cambia de puesto de trabajo, se realiza una **evaluación inicial** de su estado de salud para determinar si es apto para desempeñar sus funciones.

4. **Control postexposición**: en caso de que un trabajador haya estado expuesto a un riesgo importante, como un accidente con productos químicos, se realiza un **control postexposición** para evaluar posibles daños a la salud y aplicar el tratamiento adecuado.

ⓘ Nota

El Real Decreto 1299/2006 establece el cuadro de enfermedades profesionales en el sistema de la Seguridad Social y define las actividades que pueden causar enfermedades profesionales. Las empresas deben ajustar sus programas de vigilancia de la salud a estos criterios para prevenir el desarrollo de enfermedades derivadas de la actividad laboral.

Uno de los principios clave del **control de salud** en el trabajo es la **confidencialidad**. La información médica obtenida en los reconocimientos debe tratarse de manera confidencial y únicamente puede utilizarse con fines preventivos. El acceso a los resultados está limitado a los servicios de prevención y los responsables médicos de la empresa.

Además, la participación de los trabajadores en los controles de salud es generalmente **voluntaria**, salvo en los siguientes casos:

- ⚑ Cuando los exámenes son necesarios para evaluar el estado de salud de los trabajadores con el fin de determinar si es seguro que continúen realizando tareas que entrañen riesgos específicos.

- ⚑ Cuando sea imprescindible para proteger la salud de otros trabajadores o de terceros.

- ⚑ Cuando así lo establezca una disposición legal en relación con la peligrosidad del trabajo desempeñado.

ⓘ Nota

Aunque el control de salud es voluntario en la mayoría de los casos, las empresas tienen la obligación de ofrecerlo regularmente a sus empleados, especialmente en trabajos de riesgo. Es responsabilidad del empleador garantizar que los trabajadores estén bien informados sobre la importancia de estas evaluaciones.

La **vigilancia de la salud** proporciona múltiples beneficios tanto para los empleados como para la empresa:

- ⚑ **Mejora en la salud laboral**: detectar y prevenir enfermedades profesionales garantiza un mejor estado de salud de los trabajadores, lo que a su vez mejora su calidad de vida.

- ⚑ **Reducción de accidentes**: identificar a tiempo problemas de salud que puedan afectar el desempeño de los trabajadores permite reducir la posibilidad de que se produzcan accidentes laborales.

- ⚑ **Cumplimiento normativo**: el control de salud es una exigencia legal en numerosos sectores, por lo que su correcta implementación asegura que la empresa cumpla con la normativa vigente, evitando sanciones.

- ⚑ **Aumento de la productividad**: un entorno laboral saludable se traduce en un menor **absentismo** y en una mayor productividad, ya que los empleados están en mejores condiciones físicas y mentales para realizar sus tareas.

Ejemplo

En una planta donde los trabajadores están expuestos a productos químicos, la realización de controles de salud periódicos asegura que cualquier signo temprano de intoxicación o alergia sea detectado antes de que la condición se agrave. Esto también permite ajustar las medidas de protección necesarias para reducir la exposición.

Los **servicios de prevención**, ya sean internos o externos, son los encargados de gestionar el **control de salud** en las empresas. Estos servicios deben garantizar que los reconocimientos médicos se realicen de forma adecuada y que los resultados se utilicen para mejorar las condiciones de trabajo. Además, deben asesorar a los empleadores sobre las medidas preventivas que deben adoptarse en función de los resultados de los controles de salud.

4.2 ACTUACIÓN DE EMERGENCIA Y EVACUACIÓN

La **actuación de emergencia** y los **planes de evacuación** son elementos críticos en cualquier entorno de trabajo, ya que permiten **responder rápidamente** y de manera organizada ante situaciones que ponen en peligro la vida o la seguridad de los trabajadores, como incendios, explosiones, derrames de sustancias peligrosas, cortes de energía u otras emergencias. La implementación de procedimientos claros y bien estructurados para la gestión de emergencias y la evacuación de los trabajadores es esencial para minimizar los daños y garantizar la seguridad.

Se considera una **situación de emergencia** cualquier suceso inesperado que pueda generar peligro inminente para la integridad física de las personas o para los bienes materiales de la empresa. Este tipo de situaciones requiere una **respuesta rápida y coordinada** para mitigar los riesgos y llevar a cabo la evacuación de forma segura.

Las **emergencias** pueden ser de varios tipos:

- **Incendios**.
- **Explosiones**.
- **Derrames o fugas de productos peligrosos**.
- **Amenazas externas** (por ejemplo, terremotos o inundaciones).
- **Accidentes graves** dentro del centro de trabajo.

Ejemplo

En una fábrica de productos químicos, un derrame de material tóxico puede considerarse una emergencia. En este caso, el protocolo de emergencia debe incluir la evacuación de la zona afectada, el confinamiento del material peligroso y la activación de los equipos de respuesta.

Los componentes clave de un plan de actuación en emergencia son:

1. **Detección y alerta temprana**: la capacidad para detectar rápidamente una emergencia es fundamental. Esto incluye la instalación de **sistemas de alarma** (detectores de humo, sistemas de alerta temprana) y la definición de canales de comunicación para informar sobre la situación de manera inmediata a todos los trabajadores.

2. **Definición de responsabilidades**: en cada plan de emergencia se deben asignar claramente las responsabilidades. Los trabajadores deben conocer su rol en una situación de emergencia, mientras que los **equipos de emergencia** (brigadas internas de primeros auxilios, bomberos, etc.) deben estar preparados para actuar inmediatamente.

3. **Puntos de reunión y salidas de emergencia**: los planes deben establecer puntos de encuentro seguros donde los trabajadores se reúnan durante una evacuación, así como salidas de emergencia claramente señalizadas y despejadas para garantizar una evacuación rápida y ordenada.

4. **Medios y equipos de protección**: los centros de trabajo deben estar equipados con **medios de protección**, como extintores, mantas ignífugas y sistemas de rociadores automáticos, que permitan controlar o contener una emergencia mientras se lleva a cabo la evacuación.

Nota

Los planes de emergencia y evacuación deben ser revisados y actualizados periódicamente para asegurarse de que se ajustan a los cambios en la estructura de la empresa, la instalación de nuevos equipos o la incorporación de nuevos empleados.

Un aspecto esencial para que los planes de emergencia y evacuación sean efectivos es la **realización de simulacros periódicos**. Los simulacros permiten a los trabajadores familiarizarse con los procedimientos y actúan como una **práctica de entrenamiento** para responder de manera efectiva en situaciones reales de emergencia.

Los **simulacros** deben:

- Realizarse al menos una vez al año.

- Incluir la participación de todos los trabajadores.

- Evaluar la **eficacia del plan** de evacuación y hacer ajustes si es necesario.

4.2.1 Emergencias y evacuación

La **evacuación** es uno de los procedimientos más importantes dentro de un **plan de emergencia**. Consiste en el desalojo ordenado de las instalaciones de la empresa en caso de que la situación represente un riesgo para la integridad de los trabajadores. El objetivo principal de una evacuación es **proteger a las personas** mediante su traslado a un lugar seguro, fuera de peligro.

Las fases de una evacuación son:

1. Alerta y comunicación

El primer paso en una evacuación es la activación de las alarmas que informan a los trabajadores sobre la emergencia. Una comunicación clara y rápida es esencial para evitar pánico y confusión.

2. Evacuación

Tras la alerta, se debe iniciar la evacuación de las instalaciones de manera ordenada, siguiendo las rutas de escape predefinidas. Los trabajadores deben mantener la calma y seguir las instrucciones del personal encargado de la seguridad.

3. Reunión en puntos de encuentro

Una vez evacuados, los trabajadores deben dirigirse a los puntos de encuentro designados, donde se verificará que todos han salido de manera segura del edificio.

4. Evaluación posterior

Tras la evacuación y el control de la emergencia, se debe realizar una evaluación de la respuesta y ajustar el plan si se detectan fallos en la ejecución.

Ejemplo

En una oficina donde hay riesgo de incendios, el plan de evacuación puede incluir la señalización clara de las salidas de emergencia, la colocación de extintores en puntos estratégicos y la definición de un punto de reunión en el exterior del edificio. Los simulacros regulares ayudan a que los trabajadores sepan cómo actuar en caso de un incendio real.

Para que una evacuación se lleve a cabo de manera efectiva, es necesario tener en cuenta varios aspectos:

- **Rutas de evacuación seguras**: las rutas de evacuación deben estar claramente **señalizadas**, ser accesibles y estar **despejadas** en todo momento. Deben conducir a un lugar seguro, preferiblemente al aire libre, lejos de las zonas de peligro.

- **Señalización**: todas las salidas de emergencia, rutas de escape y puntos de reunión deben estar **debidamente señalizados** con señales visuales claras. Estas señales deben ser visibles incluso en condiciones de poca luz o presencia de humo.

- **Personal de emergencia**: en las empresas debe haber personal entrenado para actuar como **responsables de evacuación**, cuya función es guiar a los empleados durante la emergencia y asegurarse de que nadie quede atrapado o desorientado.

- **Equipos de protección y emergencia**: los centros de trabajo deben contar con equipos de emergencia accesibles, como extintores y botiquines de primeros auxilios, que puedan utilizarse antes o durante la evacuación si es necesario.

La legislación española, en particular el **Real Decreto 393/2007**, establece los criterios básicos para la elaboración y mantenimiento de los **planes de emergencia y evacuación** en los centros de trabajo. Entre las disposiciones más importantes destacan:

- La **obligatoriedad** de disponer de un plan de emergencia para cualquier centro de trabajo que cuente con más de 50 empleados o que se dedique a actividades que impliquen riesgos importantes.

- La **formación** de los empleados en materia de emergencias y evacuación.

- La realización de **simulacros** de evacuación de manera periódica.

- La necesidad de **señalización y mantenimiento** de las rutas de evacuación.

 **Nota**

Los Planes de Autoprotección son una extensión de los planes de emergencia que incluyen todas las medidas necesarias para garantizar la seguridad integral de las personas en caso de situaciones de riesgo. Estos planes son obligatorios en determinados centros, como hospitales, centros comerciales y fábricas con alto riesgo de accidentes.

Las ventajas de tener un plan de evacuación efectivo son:

▸ **Reducción de víctimas**: un plan de evacuación bien diseñado y aplicado reduce el riesgo de víctimas en caso de emergencia.

▸ **Cumplimiento normativo**: las empresas que implementan correctamente los planes de emergencia y evacuación cumplen con las normativas vigentes, evitando sanciones.

▸ **Mejora en la organización interna**: los simulacros y la formación en evacuación contribuyen a una mayor **cohesión y disciplina** entre los trabajadores, quienes se sentirán más seguros en su entorno laboral.

4.2.2 Plan de autoprotección

El **Plan de Autoprotección** es un documento clave en la **gestión de emergencias** que tiene como objetivo prevenir, controlar y dar respuesta a situaciones de riesgo que puedan afectar la seguridad de las personas, los bienes o el entorno en un centro de trabajo. Este plan incluye un conjunto de medidas preventivas, de intervención y de evacuación, así como la organización de los recursos necesarios para gestionar adecuadamente cualquier tipo de emergencia que pueda surgir en las instalaciones.

El principal objetivo del **Plan de Autoprotección** es garantizar que, ante una situación de emergencia, se adopten **medidas efectivas** para minimizar los riesgos y proteger la vida de las personas. Además, busca reducir los posibles daños materiales y el impacto sobre el medio ambiente. Los objetivos específicos son:

1. **Proteger a las personas**: asegurar la **evacuación rápida y ordenada** de los empleados y cualquier persona presente en el centro de trabajo en caso de emergencia.

2. **Controlar la emergencia**: implementar medidas inmediatas para controlar el evento adverso (como un incendio, derrame químico o explosión) y evitar que la situación se agrave.

3. **Coordinar recursos**: organizar y movilizar de manera eficiente los recursos internos (equipos de emergencia, primeros auxilios) y externos (bomberos, servicios médicos, policía) para gestionar la emergencia.

4. **Restablecer la normalidad**: facilitar la **recuperación del funcionamiento** del centro de trabajo lo antes posible tras la emergencia, minimizando los impactos operativos.

Ejemplo

En una fábrica de productos inflamables, el Plan de Autoprotección incluirá procedimientos para prevenir incendios, instrucciones para evacuar a los trabajadores, y medidas para que el equipo de emergencia interno controle el fuego hasta la llegada de los bomberos.

El **Plan de Autoprotección** debe estar claramente estructurado y contener información detallada sobre las medidas de prevención, actuación y coordinación en caso de emergencia. Los principales apartados del plan son:

Apartado del Plan de Autoprotección	Descripción	Ejemplo
Identificación y análisis de riesgos	Evaluación de los riesgos potenciales que pueden generar situaciones de emergencia en el centro de trabajo, considerando la actividad, materiales peligrosos y el entorno.	En una planta química, se identifican los riesgos de fugas de productos tóxicos y explosivos, y se analiza el impacto en las áreas cercanas.
Medidas de prevención	Detalle de las medidas preventivas implementadas para minimizar los riesgos, como sistemas de detección de incendios, mantenimiento de equipos de emergencia y capacitación en seguridad.	En una oficina, se instalan detectores de humo, se revisan periódicamente los extintores y se capacita a los empleados en el uso de estos equipos.

Apartado del Plan de Autoprotección	Descripción	Ejemplo
Procedimientos de actuación en emergencia	Descripción de los procedimientos a seguir en caso de emergencias como incendios, accidentes químicos o evacuaciones, garantizando una respuesta rápida y eficiente.	En una industria, se establecen pasos específicos para manejar derrames de productos químicos, con protocolos claros de evacuación y contención.
Plan de evacuación	Detalle de las rutas de escape, puntos de encuentro seguros y los responsables de coordinar la evacuación. Todos los empleados deben conocer este plan y practicarlo mediante simulacros.	En un hospital, se asignan puntos de encuentro fuera del edificio y se practican simulacros de evacuación dos veces al año para todos los empleados.
Organización de los recursos humanos	Asignación de responsabilidades a los equipos que intervienen en caso de emergencia, como primeros auxilios, responsables de evacuación, coordinadores de seguridad y comunicación.	En un centro comercial, se asignan empleados para liderar evacuaciones, proporcionar primeros auxilios y comunicar la situación a los servicios externos.
Medios materiales	Inventario de los recursos disponibles para gestionar emergencias, como extintores, kits de primeros auxilios, sistemas de alarma y equipos de comunicación.	En una escuela, se cuenta con extintores en cada piso, un botiquín de primeros auxilios en la enfermería y un sistema de altavoces para emergencias.
Coordinación con servicios de emergencia externos	Protocolos de comunicación y colaboración con los servicios de emergencia externos (bomberos, policía, protección civil, médicos), incluyendo los números de contacto y procedimientos para alertar a las autoridades.	En una fábrica, el plan incluye el contacto directo con el cuerpo de bomberos local y un protocolo para comunicar derrames tóxicos a la protección civil.
Simulacros y formación	Realización de simulacros periódicos para aplicar correctamente el plan de autoprotección y formación continua para los trabajadores sobre las medidas preventivas y los procedimientos de emergencia.	En un edificio de oficinas, se realizan simulacros de incendio cada seis meses, y los empleados reciben formación sobre el uso de los equipos de emergencia.

ⓘ Nota

El Plan de Autoprotección no solo se limita a emergencias internas como incendios o accidentes, sino que también debe incluir planes de actuación para desastres externos como terremotos, inundaciones o amenazas terroristas.

El **Plan de Autoprotección** es **obligatorio** para ciertos tipos de instalaciones en España, según la legislación vigente. El **Real Decreto 393/2007**, que regula los **Planes de Autoprotección**, establece que todos los centros de trabajo que presentan un **riesgo especial** para la seguridad de las personas deben contar con un plan documentado y actualizado. Esto incluye:

Industria

Empresas que manipulan productos peligrosos o que, por su actividad, pueden generar grandes riesgos (fábricas químicas, refinerías, plantas de producción energética).

Centros de alta ocupación

Edificios públicos, centros comerciales, hospitales, escuelas, donde la concentración de personas puede dificultar la evacuación en situaciones de emergencia.

Infraestructuras críticas

Lugares estratégicos como aeropuertos, estaciones de tren y plantas de tratamiento de agua o energía, esenciales para la seguridad nacional.

> **ⓘ Nota**
>
> Las empresas que deben elaborar un Plan de Autoprotección están obligadas a presentarlo a la administración competente y a mantenerlo actualizado. Además, deben realizar auditorías periódicas y simulacros para garantizar que el plan sea eficaz y que todos los empleados estén preparados para actuar en caso de emergencia.

Las ventajas de un Plan de Autoprotección bien diseñado son las siguientes:

- **Mayor seguridad para los trabajadores**: el plan asegura que, ante cualquier emergencia, los trabajadores tengan instrucciones claras sobre cómo protegerse y evacuar de manera segura.

- **Reducción de pérdidas materiales**: las medidas preventivas y de intervención contenidas en el plan minimizan los daños materiales en caso de accidentes o emergencias.

- **Cumplimiento legal**: las empresas que implementan un plan de autoprotección cumplen con las normativas legales y evitan sanciones por incumplimientos en materia de seguridad.

- **Mejora de la reputación**: contar con un plan de autoprotección bien elaborado y difundido entre los empleados mejora la **imagen de la empresa** en términos de responsabilidad y seguridad.

- **Respuesta rápida y coordinada**: un plan detallado permite que, en situaciones de emergencia, los empleados y los equipos de intervención actúen rápidamente y de manera coordinada, reduciendo el riesgo de lesiones o muertes.

El **Plan de Autoprotección** no es un documento estático, sino que debe actualizarse de forma regular para adaptarse a los cambios en las instalaciones, el personal y las normativas. Además, es fundamental realizar **simulacros de emergencia** al menos una vez al año para comprobar la efectividad del plan y corregir posibles deficiencias.

Ejemplo

Un hospital realiza simulacros de evacuación anuales para entrenar a su personal en el manejo de emergencias, garantizando que todos conozcan las rutas de evacuación y cómo atender a los pacientes en una situación de riesgo, como un incendio o un terremoto.

4.3 PRUEBA DE AUTOEVALUACIÓN

1. *¿Cuál es el principal objetivo de los primeros auxilios?*

a) *Realizar un diagnóstico médico completo.*

b) *Evitar que la víctima se desmaye.*

c) *Preservar la vida, prevenir complicaciones y promover la recuperación.*

d) *Transportar a la víctima al hospital lo más rápido posible.*

Respuesta correcta: *c) Preservar la vida, prevenir complicaciones y promover la recuperación.*

2. *¿Cuál es el primer paso en el procedimiento de RCP-CAB?*

a) *Respiración boca a boca.*

b) *Apertura de la vía aérea.*

c) *Evaluar el estado de la víctima.*

d) *Realizar compresiones torácicas.*

Respuesta correcta: *d) Realizar compresiones torácicas.*

3. ¿Cuántas compresiones torácicas deben realizarse en un ciclo de RCP?

a) *10 compresiones.*

b) *20 compresiones.*

c) *30 compresiones.*

d) *50 compresiones.*

Respuesta correcta*: c) 30 compresiones.*

4. ¿Qué es lo primero que se debe hacer en una emergencia antes de acercarse a la víctima?

a) *Iniciar la respiración boca a boca.*

b) *Verificar que el entorno sea seguro.*

c) *Comprobar el pulso de la víctima.*

d) *Pedir ayuda médica.*

Respuesta correcta*: b) Verificar que el entorno sea seguro.*

5. ¿Cuál de las siguientes opciones es un componente del Plan de Autoprotección?

a) *Identificación de riesgos y análisis de mercado.*

b) *Organización de la producción en la empresa.*

c) *Medidas preventivas y procedimientos de evacuación.*

d) *Protocolo de contrataciones internas.*

Respuesta correcta*: c) Medidas preventivas y procedimientos de evacuación.*

6. ¿Qué debe incluir un plan de evacuación dentro del Plan de Autoprotección?

a) *Asignación de tareas de evacuación a los trabajadores más fuertes.*

b) *Rutas de escape, puntos de encuentro y responsables de evacuación.*

c) *Una evaluación psicológica de todos los trabajadores.*

d) *Medidas para cerrar la empresa temporalmente.*

Respuesta correcta: b) Rutas de escape, puntos de encuentro y responsables de evacuación.

7. ¿Con qué frecuencia deben realizarse simulacros de emergencia según la normativa de autoprotección?

a) *Una vez cada cinco años.*

b) *Una vez al año.*

c) *Dos veces al año.*

d) *Solo cuando ocurren emergencias.*

Respuesta correcta: b) Una vez al año.

8. ¿Qué aspecto debe revisarse y actualizarse de forma periódica en un Plan de Autoprotección?

a) *El inventario de productos de la empresa.*

b) *Las rutas de escape y la información de contacto de los servicios de emergencia.*

c) *Los balances financieros.*

d) *La imagen corporativa de la empresa.*

Respuesta correcta: b) Las rutas de escape y la información de contacto de los servicios de emergencia.

9. *¿En qué casos es obligatorio contar con un Plan de Autoprotección?*

   a) *En cualquier empresa que cuente con más de 10 empleados.*

   b) *En empresas con actividades de riesgo especial, como fábricas químicas o centros de alta ocupación.*

   c) *Solo en empresas públicas.*

   d) *Solo en situaciones de emergencia reales.*

Respuesta correcta: b) En empresas con actividades de riesgo especial, como fábricas químicas o centros de alta ocupación

10. *¿Cuál es el beneficio principal de realizar simulacros de emergencia en el lugar de trabajo?*

   a) *Reducir costos operativos.*

   b) *Mejorar la preparación de los empleados y garantizar una evacuación segura y rápida.*

   c) *Aumentar la productividad laboral.*

   d) *Mejorar la competitividad de la empresa en el mercado.*

Respuesta correcta: b) Mejorar la preparación de los empleados y garantizar una evacuación segura y rápida.

5

RIESGOS ESPECÍFICOS Y SU PREVENCIÓN EN EL SECTOR CORRESPONDIENTE A LA ACTIVIDAD DE LA EMPRESA

5.1 IDENTIFICACIÓN DE LOS RIESGOS ESPECÍFICOS DEL SECTOR DE LA EMPRESA

La identificación de los riesgos específicos en el sector empresarial es fundamental para prevenir accidentes laborales y proteger la salud de los trabajadores. Cada sector económico presenta riesgos inherentes a sus actividades diarias. Identificar estos riesgos es el primer paso para implementar **medidas preventivas** efectivas y garantizar un entorno de trabajo seguro.

Algunos ejemplos de riesgos específicos según el sector de actividad son los siguientes:

Sector	Riesgo	Descripción
Industria manufacturera y de producción	Manipulación de maquinaria pesada	Riesgo elevado de atrapamientos, cortes y golpes al usar maquinaria pesada sin medidas de protección.
	Exposición a productos químicos	Contacto con productos tóxicos o inflamables, lo que puede causar intoxicaciones, quemaduras y explosiones.
	Riesgo ergonómico	Uso repetitivo de herramientas y movimientos forzados que pueden generar lesiones musculoesqueléticas.
Construcción	Trabajos en altura	Riesgo de caídas desde andamios, escaleras o plataformas elevadas, que pueden provocar lesiones graves.
	Manipulación manual de cargas	Esfuerzos físicos intensos que pueden provocar lesiones en la espalda por la manipulación de materiales pesados.
	Riesgo eléctrico	Riesgo de descargas eléctricas al trabajar con sistemas eléctricos mal aislados o en reparación.
Sanidad y asistencia social	Exposición a agentes biológicos	Riesgo de contagio de enfermedades por contacto con patógenos, sangre y fluidos corporales.
	Cargas emocionales y psicológicas	Estrés laboral debido al contacto con pacientes en situaciones críticas, afectando la salud mental.
	Movilización de pacientes	Riesgo de lesiones musculoesqueléticas al movilizar manualmente a los pacientes.
Hostelería y turismo	Riesgo de caídas y resbalones	Riesgo de caídas accidentales debido a suelos mojados o resbaladizos en hoteles y restaurantes.
	Riesgos por incendios	Riesgo de incendios, especialmente en cocinas con equipos que generan altas temperaturas y productos inflamables.
	Riesgo ergonómico	Lesiones por manipulación constante de objetos, posturas inadecuadas o movimientos repetitivos.

 **Nota**

El Instituto Nacional de Seguridad y Salud en el Trabajo (INSST) proporciona guías específicas para cada sector, con el fin de ayudar a las empresas a identificar los riesgos particulares y a implementar las medidas preventivas necesarias.

5.1.1 Ligados a las condiciones de seguridad

Los **riesgos ligados a las condiciones de seguridad** son aquellos que derivan de las características físicas del entorno laboral y de las actividades que se desarrollan en el mismo. Estos riesgos pueden provocar accidentes si no se implementan las **medidas de seguridad** adecuadas. Algunos de los riesgos más comunes relacionados con las **condiciones de seguridad** en el trabajo son:

1. **Caídas al mismo nivel o desde alturas**

   Las **caídas** son uno de los riesgos más comunes y graves en muchos sectores. Pueden ocurrir tanto al mismo nivel (por suelos resbaladizos o desordenados) como desde alturas (por ejemplo, en andamios o plataformas). Las caídas pueden causar fracturas, traumatismos y, en casos graves, ser fatales:

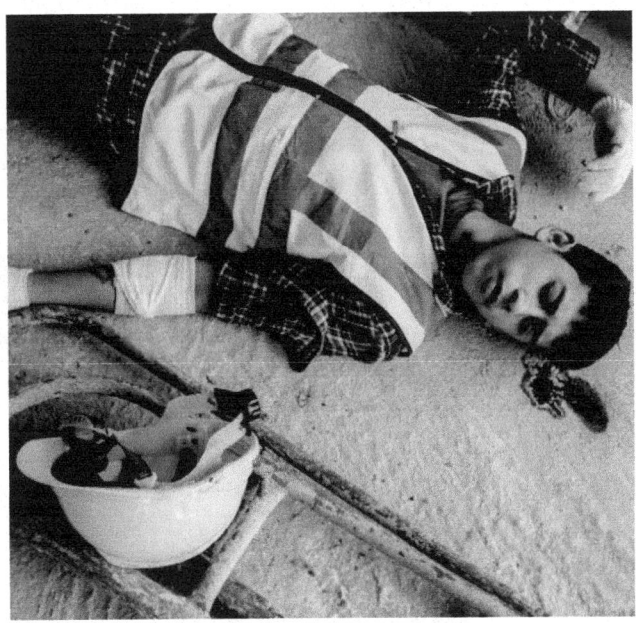

2. **Atrapamientos y golpes**

El uso de maquinaria y equipos sin las protecciones adecuadas puede dar lugar a **atrapamientos** o **golpes**. Este tipo de accidentes ocurre cuando partes del cuerpo quedan atrapadas en partes móviles de las máquinas o cuando se utilizan equipos defectuosos o mal mantenidos:

3. **Incendios y explosiones**

Las **explosiones** y los **incendios** son riesgos presentes en sectores donde se manejan productos inflamables o explosivos, como la industria química o la minería. La falta de medidas preventivas como la correcta instalación de sistemas de detección de incendios o la manipulación inadecuada de sustancias peligrosas puede provocar accidentes graves:

4. **Electricidad**

El riesgo de **electrocución** o de lesiones por descargas eléctricas está presente en trabajos que implican contacto con instalaciones eléctricas. Esto incluye tareas de mantenimiento eléctrico o trabajos cercanos a líneas de alta tensión.

Ejemplo

En una fábrica donde se utilizan máquinas de corte, los trabajadores pueden estar expuestos a riesgos de atrapamiento si las máquinas no están equipadas con protecciones adecuadas. Las protecciones, como resguardos y dispositivos de parada de emergencia, son esenciales para evitar accidentes graves.

5. **Caídas de objetos**

El trabajo en áreas donde se manipulan objetos pesados o donde se almacenan materiales en altura puede representar un riesgo importante si los objetos caen accidentalmente. Estos incidentes pueden provocar **lesiones craneales** y otros tipos de traumatismos:

6. **Condiciones de almacenamiento y transporte**

La mala organización de los materiales o el uso de **equipos de transporte defectuosos** puede generar accidentes por **desplome** o caídas de cargas durante su manipulación:

ⓘ **Nota**

Para prevenir los riesgos ligados a las condiciones de seguridad, es fundamental realizar inspecciones periódicas de los equipos, mantener las instalaciones en buen estado y asegurarse de que los trabajadores estén capacitados en el uso correcto de las máquinas y herramientas.

Las principales medidas de prevención para los riesgos ligados a la seguridad son las siguientes:

Evaluación de riesgos

Realizar evaluaciones periódicas para identificar peligros y minimizarlos. Actualizar la evaluación si cambian las condiciones de trabajo.

Mantenimiento preventivo

Realizar un mantenimiento regular de máquinas y equipos para asegurar su correcto funcionamiento y evitar fallos técnicos.

Instalación de protecciones físicas

Las protecciones colectivas como barandillas, redes o resguardos son esenciales para prevenir accidentes graves.

Formación y capacitación

Formar a los trabajadores continuamente sobre los riesgos específicos de su puesto y las medidas preventivas que deben adoptar.

Equipos de Protección Individual (EPI)

Proveer a los trabajadores con los EPI adecuados, como cascos, guantes, gafas protectoras y arneses, según los riesgos presentes.

5.1.2 Ligados al medio ambiente de trabajo

Los **riesgos ligados al medio ambiente de trabajo** son aquellos que derivan de las condiciones físicas, químicas o biológicas del entorno laboral y que pueden afectar la salud y seguridad de los trabajadores. Estos riesgos pueden incluir la **exposición a agentes físicos, químicos o biológicos**, así como factores ambientales como el ruido, la temperatura o la ventilación inadecuada. Identificar estos riesgos es clave para implementar medidas preventivas que garanticen un entorno laboral saludable.

Los principales riesgos ligados al medio ambiente de trabajo son:

1. **Ruido:**

   La **exposición a niveles elevados de ruido** durante periodos prolongados puede provocar **pérdida de audición**, estrés y fatiga. Este riesgo es común en sectores industriales y de construcción, donde se utilizan maquinaria y herramientas ruidosas.

   Medidas preventivas:

   - Instalación de **barreras acústicas** y aislamiento de fuentes de ruido.

   - Uso de **protección auditiva** (tapones o auriculares).

   - Realización de **evaluaciones acústicas** periódicas.

2. **Iluminación insuficiente o inadecuada:**

   La **mala iluminación** puede aumentar el riesgo de accidentes y provocar fatiga visual, especialmente en trabajos de precisión o que requieren atención constante.

   Medidas preventivas:

   - Asegurar que los lugares de trabajo tengan **iluminación suficiente y adecuada** para la tarea que se realiza.

   - Usar fuentes de luz artificial que **reduzcan sombras** y eviten deslumbramientos.

3. **Temperaturas extremas:**

   Trabajar en **entornos con temperaturas muy altas o bajas** puede generar estrés térmico, agotamiento y problemas de salud como golpes de calor o hipotermia. Este riesgo es común en trabajos al aire libre, como la construcción, o en instalaciones de refrigeración industrial.

Medidas preventivas:

- Proveer **ventilación adecuada** o sistemas de climatización para mitigar el calor o frío extremo.

- Uso de **ropa adecuada** y **equipos de protección** diseñados para ambientes fríos o cálidos.

4. **Ventilación y calidad del aire:**

La **ventilación inadecuada** y la exposición a **contaminantes del aire** (polvo, vapores químicos, gases tóxicos) pueden provocar problemas respiratorios y enfermedades a largo plazo, como asma ocupacional o intoxicaciones. Es un riesgo importante en industrias químicas, mineras y de manufactura.

Medidas preventivas:

- Instalación de **sistemas de ventilación** adecuados que garanticen una **buena calidad del aire** en el lugar de trabajo.

- Realización de **mediciones de contaminantes** atmosféricos y uso de **máscaras respiratorias** cuando sea necesario.

Ejemplo

En una fábrica de procesamiento de alimentos, la temperatura extrema en las zonas de refrigeración requiere que los trabajadores utilicen ropa térmica adecuada, mientras que los sistemas de ventilación garantizan una calidad del aire óptima en las áreas donde se manipulan productos químicos de limpieza.

5. **Vibraciones:**

La **exposición a vibraciones** prolongadas, tanto del cuerpo completo como localizadas (manos y brazos), es un riesgo común en sectores como la construcción, minería y transporte. Las vibraciones pueden causar problemas circulatorios, musculares y esqueléticos.

Medidas preventivas:

- Uso de **herramientas antivibración** y equipos con **amortiguadores**.

- Reducción del tiempo de exposición a las vibraciones mediante **descansos regulares**.

6. **Riesgos biológicos:**

En algunos entornos laborales, como hospitales, laboratorios, industrias alimentarias y agropecuarias, los trabajadores están expuestos a **agentes biológicos** (virus, bacterias, hongos, parásitos) que pueden causar infecciones o enfermedades.

Medidas preventivas:

- Implementación de **protocolos de higiene** adecuados.

- Uso de **equipos de protección individual (EPI)** como guantes, mascarillas y gafas protectoras.

- Formación y vacunación de los trabajadores, según sea necesario.

Nota

El Real Decreto 374/2001 regula la protección de los trabajadores frente a los riesgos relacionados con agentes químicos durante el trabajo, exigiendo medidas de control y vigilancia continua de la salud en entornos donde hay exposición a sustancias peligrosas.

5.1.3 Distinción de otros riesgos

Además de los riesgos específicos del sector o los ligados al medio ambiente de trabajo, es importante identificar otros riesgos que pueden presentarse en cualquier actividad empresarial. Estos riesgos abarcan factores psicosociales, ergonómicos, y situaciones derivadas de la organización del trabajo que afectan la salud física y mental de los trabajadores.

Algunos de estos **riesgos adicionales** son:

Tipo de riesgo	Descripción	Ejemplos de riesgos	Medidas preventivas
Riesgos ergonómicos	Relacionados con la postura, el esfuerzo físico y los movimientos repetitivos, que pueden causar problemas musculoesqueléticos.	• Movimientos repetitivos: síndrome del túnel carpiano. • Posturas forzadas o estáticas: lesiones en columna o cuello.	• Adecuar puestos con mobiliario ajustable. • Fomentar pausas para estiramientos y movimiento.
Riesgos psicosociales	Afectan el bienestar mental y emocional, relacionados con la carga laboral, relaciones interpersonales y ambiente de trabajo.	• Sobrecarga de trabajo: estrés y agotamiento mental. • Falta de control sobre el trabajo: frustración. • Acoso laboral (mobbing).	• Fomentar la comunicación y resolución de conflictos. • Promover la conciliación laboral. • Implementar programas de apoyo psicológico.
Riesgos derivados de la organización del trabajo	Riesgos vinculados a la estructura de los turnos y la duración de las jornadas laborales, que afectan al bienestar físico y mental.	• Turnos nocturnos prolongados que alteran los ciclos de sueño.	• Establecer horarios que permitan descanso adecuado. • Evitar jornadas laborales prolongadas y limitar los turnos nocturnos.

 **Nota**

El Real Decreto 39/1997 del Reglamento de los Servicios de Prevención establece la necesidad de identificar y controlar los factores psicosociales en el trabajo, así como los riesgos relacionados con la organización y la ergonomía.

5.2 APLICACIÓN DE MEDIDAS PREVENTIVAS ESPECIFICAS DEL SECTOR DE LA EMPRESA

La **aplicación de medidas preventivas** adaptadas al sector de la empresa es fundamental para proteger a los trabajadores de los riesgos inherentes a su actividad. Cada sector tiene características únicas que requieren soluciones preventivas específicas, que pueden incluir la **protección colectiva** y la **protección individual** mediante el uso de **Equipos de Protección Individual (EPI)**.

El primer paso para aplicar **medidas preventivas** es realizar una evaluación exhaustiva de los riesgos específicos en cada puesto de trabajo y sector. A partir de esta evaluación, se definen las estrategias más eficaces para minimizar o eliminar los peligros. Estas estrategias pueden variar significativamente según el tipo de actividad que se realice.

Ejemplo

En una planta industrial donde se manejan productos químicos, las medidas preventivas específicas incluirán el uso de sistemas de ventilación, barreras físicas y la provisión de EPI como guantes resistentes a químicos y mascarillas filtrantes.

5.2.1 Protección colectiva

La **protección colectiva** se refiere a las medidas diseñadas para proteger simultáneamente a todos los trabajadores presentes en una misma área o entorno de trabajo. A diferencia de los Equipos de Protección Individual (EPI), la protección colectiva no depende del uso de un equipo personal, sino de sistemas que actúan sobre el entorno para minimizar o eliminar los riesgos. Las **medidas de protección colectiva** son prioritarias en la jerarquía de medidas preventivas, ya que buscan **eliminar o reducir el riesgo en la fuente**.

Los principales tipos de medidas de protección colectiva son los siguientes:

1. **Sistemas de ventilación:**

   En industrias donde hay exposición a sustancias tóxicas o contaminantes, como gases, polvo o vapores, es necesario instalar **sistemas de ventilación** adecuados que eliminen estos agentes del ambiente laboral. Estos sistemas permiten una renovación continua del aire y reducen la exposición de los trabajadores a elementos peligrosos.

2. **Barreras físicas y protecciones en maquinaria:**

   Las **barreras físicas** se utilizan para evitar el acceso a zonas peligrosas. En fábricas o talleres, las máquinas que presentan riesgos de atrapamiento o cortes deben estar equipadas con **resguardos** o **carcasas** protectoras que impidan el contacto directo con las partes móviles.

3. **Señalización de seguridad:**

   La **señalización adecuada** es una medida de protección colectiva que informa y advierte a los trabajadores sobre los peligros en el entorno laboral. Esto incluye señales de advertencia, como las que indican áreas de riesgo eléctrico o de exposición a sustancias químicas, así como las rutas de evacuación en caso de emergencia.

4. **Sistemas de protección contra incendios:**

   En muchos sectores, los **sistemas de protección contra incendios** son esenciales para proteger tanto a los trabajadores como a los bienes. Estos incluyen **detectores de humo, rociadores automáticos, extintores** y **salidas de emergencia** bien señalizadas.

5. **Protección perimetral y redes de seguridad:**

   En la **construcción** y otros sectores donde se realizan trabajos en altura, es crucial instalar **barandillas**, **redes de seguridad** y otros sistemas que eviten caídas desde alturas. Estas medidas protegen tanto a los trabajadores como a las personas que transitan por áreas cercanas.

Ejemplo

En una obra de construcción, el uso de barandillas alrededor de andamios y plataformas elevadas, junto con la instalación de redes de protección, son medidas de protección colectiva que minimizan el riesgo de caídas.

Las ventajas de la protección colectiva son:

▸ **Protección simultánea**: las medidas de protección colectiva actúan sobre el entorno, protegiendo a varios trabajadores al mismo tiempo.

▸ **Menor dependencia del comportamiento individual**: a diferencia de los **EPI**, la eficacia de la protección colectiva no depende del uso correcto por parte del trabajador.

▸ **Reducción del riesgo en la fuente**: las medidas colectivas buscan eliminar o reducir el riesgo directamente, lo que es más eficaz que simplemente aislar al trabajador del peligro.

5.2.2 Protección individual (Equipos de Protección Individual)

Los **Equipos de Protección Individual (EPI)** son dispositivos que se utilizan para proteger a los trabajadores cuando no es posible eliminar completamente los riesgos mediante medidas de protección colectiva. Los **EPI** son la última línea de defensa y deben utilizarse adecuadamente para asegurar la protección efectiva de los trabajadores.

Los tipos de EPI según el tipo de riesgo son:

Protección del cuerpo

La ropa de protección evita el contacto con productos químicos, calor extremo o radiaciones, como los trajes ignífugos o químicos.

Protección de las manos

Los guantes protegen contra cortes, abrasiones, productos químicos o calor, con tipos específicos según el riesgo.

Protección respiratoria

Respiradores y mascarillas filtrantes se utilizan en entornos con sustancias tóxicas, polvo o gases, como en la construcción o la minería.

Protección ocular y facial

Las gafas y pantallas faciales son esenciales en trabajos con riesgos de proyecciones de partículas, sustancias químicas o radiaciones.

Protección auditiva

En entornos con niveles elevados de ruido, se utilizan protectores auditivos que reducen la exposición al ruido y previenen la pérdida auditiva.

Protección de la cabeza

Los cascos de seguridad protegen contra golpes o caídas de objetos en sectores como la construcción, minería o industria pesada.

 **Nota**

El uso adecuado de los EPI depende de una correcta selección, formación y mantenimiento. Es responsabilidad del empleador proporcionar a los trabajadores los EPI adecuados para su tarea y garantizar que reciban la formación necesaria para utilizarlos correctamente.

Existen algunos requisitos para el uso de EPI:

▶ **Selección adecuada**: los **EPI** deben seleccionarse en función de los riesgos presentes en el entorno de trabajo. Cada tipo de equipo está diseñado para ofrecer protección contra peligros específicos.

▶ **Formación y capacitación**: es esencial que los trabajadores reciban **formación sobre el uso correcto de los EPI**. Esto incluye cómo ponérselos y quitárselos correctamente, y cómo realizar un mantenimiento básico.

▶ **Mantenimiento y almacenamiento**: los **EPI** deben estar en buen estado para ser efectivos. Es necesario revisar regularmente su estado, realizar su mantenimiento y almacenarlos de manera adecuada para evitar que se deterioren.

Ejemplo

En una planta química, los trabajadores que manipulan productos tóxicos deben utilizar guantes resistentes a químicos y respiradores, y deben estar capacitados para usarlos correctamente. Además, se deben realizar inspecciones periódicas para garantizar que los equipos estén en buen estado.

Al igual que la protección colectiva, los EPI tienen una serie de ventajas:

▶ **Protección personal**: los EPI protegen directamente al trabajador de los riesgos presentes en su entorno de trabajo.

▶ **Versatilidad**: existe una amplia gama de **EPI** diseñados para diferentes tipos de riesgos, lo que permite adaptar la protección a cada situación laboral específica.

No obstante, los EPI tienen algunas limitaciones:

▶ **Dependencia del usuario**: la efectividad de los **EPI** depende de que los trabajadores los utilicen correctamente y de manera constante.

▶ **Protección limitada**: los **EPI** no eliminan el riesgo, solo lo reducen. Siempre deben combinarse con otras medidas preventivas.

ⓘ **Nota**

La protección colectiva y la protección individual son elementos fundamentales en la prevención de riesgos laborales. Si bien la protección colectiva es preferible por su capacidad de proteger a todos los trabajadores simultáneamente, los EPI son esenciales en aquellas situaciones donde los riesgos no pueden eliminarse completamente. Una gestión integral de la prevención implica la correcta combinación de ambas estrategias, garantizando que los trabajadores cuenten con un entorno de trabajo seguro y con las herramientas adecuadas para protegerse en todo momento.

5.3 PRUEBA DE AUTOEVALUACIÓN

1. *¿Qué se entiende por protección colectiva en la prevención de riesgos laborales?*

   a) *La protección que se aplica a una sola persona.*

   b) *El uso de equipos de protección personal.*

   c) *Las medidas preventivas que protegen simultáneamente a varios trabajadores.*

   d) *La eliminación de los riesgos a través del trabajo individual.*

Respuesta correcta: *c) Las medidas preventivas que protegen simultáneamente a varios trabajadores.*

2. ¿Cuál es un ejemplo de protección colectiva en una obra de construcción?

a) *El uso de cascos de seguridad por parte de los trabajadores.*

b) *La instalación de barandillas y redes de seguridad en andamios.*

c) *El uso de guantes por parte de los trabajadores.*

d) *La formación individual sobre seguridad.*

Respuesta correcta: b) La instalación de barandillas y redes de seguridad en andamios.

3. ¿Qué tipo de EPI es necesario para protegerse de la exposición a partículas químicas peligrosas?

a) *Cascos de seguridad.*

b) *Máscaras respiratorias filtrantes.*

c) *Guantes de algodón.*

d) *Zapatos de seguridad.*

Respuesta correcta: b) Máscaras respiratorias filtrantes.

4. ¿Qué medida es prioritaria según la jerarquía de medidas preventivas en el trabajo?

a) *El uso de Equipos de Protección Individual (EPI).*

b) *La implementación de medidas de protección colectiva.*

c) *La realización de formaciones.*

d) *La compra de seguros laborales.*

Respuesta correcta: b) La implementación de medidas de protección colectiva.

5. **¿Cuál de los siguientes riesgos está ligado al medio ambiente de trabajo?**

a) *Riesgo de caídas desde alturas.*

b) *Exposición a ruido elevado y continuo.*

c) *Golpes por objetos en movimiento.*

d) *Atrapamiento en maquinaria.*

Respuesta correcta: b) Exposición a ruido elevado y continuo.

6. **¿Qué tipo de protección es el uso de guantes resistentes a productos químicos en un laboratorio?**

a) *Protección colectiva.*

b) *Protección individual.*

c) *Protección psicológica.*

d) *Protección administrativa.*

Respuesta correcta: b) Protección individual.

7. **¿Cuál es una medida de prevención para los riesgos derivados de la ventilación inadecuada en el lugar de trabajo?**

a) *Proveer mascarillas a todos los trabajadores.*

b) *Instalar sistemas de ventilación eficientes y monitorear la calidad del aire.*

c) *Usar tapones para los oídos.*

d) *Asegurar que los trabajadores utilicen protección ocular.*

Respuesta correcta: b) Instalar sistemas de ventilación eficientes y monitorear la calidad del aire.

8. **¿Cuál de los siguientes es un riesgo ergonómico común en muchos sectores?**

a) *Exposición a altas temperaturas.*

b) *Trabajos en altura sin arneses.*

c) *Movimientos repetitivos que causan lesiones musculoesqueléticas.*

d) *Uso de maquinaria pesada sin protecciones.*

Respuesta correcta: c) Movimientos repetitivos que causan lesiones musculoesqueléticas.

9. **¿Qué equipo de protección individual es necesario para trabajos en altura?**

a) *Zapatos de seguridad con punta de acero.*

b) *Guantes resistentes a cortes.*

c) *Arnés de seguridad con sistema de sujeción.*

d) *Gafas de protección.*

Respuesta correcta: c) Arnés de seguridad con sistema de sujeción.

10. **¿Qué es una medida de protección contra caídas de objetos en el entorno laboral?**

a) *Uso de gafas de protección.*

b) *Uso de cascos de seguridad.*

c) *Instalación de barreras físicas para contener los objetos.*

d) *Realización de formación sobre riesgos laborales.*

Respuesta correcta: b) Uso de cascos de seguridad.

RESUMEN

La **Prevención de Riesgos Laborales** se fundamenta en la aplicación de medidas y acciones dirigidas a garantizar la **seguridad y salud** de los trabajadores en el entorno laboral. Esta tarea implica identificar, evaluar y controlar los **riesgos** presentes en los distintos puestos de trabajo, con el objetivo de reducir la probabilidad de accidentes y enfermedades profesionales. La base legal de la prevención en España se encuentra en la **Ley de Prevención de Riesgos Laborales (LPRL)**, que establece los derechos y obligaciones tanto de los trabajadores como de los empresarios.

Uno de los aspectos más importantes en la gestión de la prevención es la **evaluación de riesgos**, que consiste en un análisis sistemático de las condiciones laborales para identificar peligros potenciales y valorar su gravedad. En función de esta evaluación, se diseñan e implementan **medidas preventivas** que buscan eliminar o minimizar dichos riesgos. Es fundamental que esta evaluación sea periódica y se actualice siempre que se introduzcan nuevos procesos, maquinaria o materiales en el lugar de trabajo.

Los **riesgos laborales** se clasifican principalmente en **riesgos físicos, químicos, biológicos, ergonómicos** y **psicosociales**. Los **riesgos físicos** incluyen factores como el ruido, la vibración, las radiaciones y las temperaturas extremas. Los **riesgos químicos** derivan de la exposición a sustancias peligrosas como gases, vapores o productos tóxicos, que pueden provocar intoxicaciones o enfermedades a largo plazo. Los **riesgos biológicos** están relacionados con la exposición a microorganismos patógenos, mientras que los **riesgos ergonómicos** abarcan las lesiones musculoesqueléticas derivadas de posturas inadecuadas o movimientos repetitivos. Los **riesgos psicosociales** están asociados a factores como el estrés laboral, la carga de trabajo excesiva o el acoso en el lugar de trabajo.

La **protección colectiva** es la medida preventiva prioritaria, ya que actúa sobre el entorno de trabajo para reducir los riesgos de forma global. Ejemplos de protección colectiva incluyen la instalación de **sistemas de ventilación**, la colocación de **barreras físicas** en maquinaria, la señalización adecuada de peligros y la implementación de **sistemas contra incendios**. Estas medidas están diseñadas para proteger a todos los trabajadores sin depender de la intervención individual.

Por otro lado, cuando los riesgos no pueden eliminarse completamente mediante la protección colectiva, se recurre a los **Equipos de Protección Individual (EPI)**. Estos equipos, como cascos, guantes, gafas, protectores auditivos y ropa de protección son fundamentales para proteger a los trabajadores de los peligros que persisten en el entorno. Los EPI deben estar adaptados al tipo de riesgo y ser utilizados correctamente por los trabajadores tras recibir la formación adecuada.

El **control de la salud** de los trabajadores es otro elemento esencial en la prevención de riesgos laborales. Este control permite detectar de manera temprana cualquier problema de salud relacionado con la exposición a peligros en el entorno laboral. Las evaluaciones médicas periódicas son necesarias para garantizar que los trabajadores se encuentran en condiciones adecuadas para desempeñar sus funciones y para detectar posibles enfermedades profesionales.

En situaciones de emergencia, como incendios, explosiones o derrames de sustancias peligrosas, es esencial contar con un **Plan de Autoprotección**. Este plan debe incluir protocolos de actuación, evacuación y coordinación con los servicios de emergencia externos. Además, es importante realizar simulacros periódicos para que todos los trabajadores estén familiarizados con los procedimientos de actuación en caso de que ocurra una emergencia real.

Finalmente, el **Plan de Evacuación** forma parte fundamental de las medidas de prevención, asegurando que, en caso de peligro, los trabajadores puedan evacuar el área de trabajo de manera rápida y ordenada, dirigiéndose a puntos de encuentro seguros. Este plan debe incluir rutas de escape claras, señalizadas y accesibles.

La **Prevención de Riesgos Laborales** es una responsabilidad compartida entre la empresa y los trabajadores, cuyo objetivo principal es proteger la salud y seguridad en el lugar de trabajo mediante la identificación de riesgos, la implementación de medidas de control y la preparación para situaciones de emergencia. La correcta aplicación de la protección colectiva, el uso adecuado de los EPI y la vigilancia continua de la salud son herramientas indispensables para mantener un entorno laboral seguro.

GLOSARIO

▶ **Accidente de trabajo**: suceso inesperado que ocurre durante el desarrollo de la actividad laboral y que provoca una lesión física o psicológica al trabajador.

▶ **Agentes biológicos**: organismos vivos, como virus, bacterias o parásitos, que pueden causar enfermedades en los trabajadores cuando entran en contacto con ellos en el entorno laboral.

▶ **Agentes químicos**: sustancias o compuestos que, al inhalarse, ingeridos o entrar en contacto con la piel, pueden causar intoxicaciones, quemaduras o enfermedades profesionales.

▶ **Condiciones de seguridad**: conjunto de factores en el entorno laboral relacionados con la maquinaria, instalaciones y herramientas, que pueden generar riesgos de accidente si no se controlan adecuadamente.

▶ **Evaluación de riesgos**: proceso mediante el cual se identifican los peligros en el lugar de trabajo, se evalúa la probabilidad de que ocurra un accidente y se determinan las medidas necesarias para prevenirlo.

▶ **Enfermedad profesional**: enfermedad contraída como resultado de la exposición a factores de riesgo en el entorno laboral, que afecta a la salud del trabajador de forma directa.

▶ **Equipos de Protección Individual (EPI)**: dispositivos que los trabajadores deben utilizar para protegerse de los riesgos presentes en el entorno laboral. Ejemplos: cascos, guantes, gafas protectoras, arneses, etc.

▶ **Factores de riesgo**: condiciones que aumentan la probabilidad de que ocurra un accidente o que se desarrolle una enfermedad profesional. Estos pueden ser físicos, químicos, biológicos, ergonómicos o psicosociales.

▶ **Medidas preventivas**: conjunto de acciones destinadas a eliminar o reducir los riesgos en el trabajo, para evitar accidentes o enfermedades profesionales. Pueden ser medidas de protección colectiva o individual.

▶ **Plan de Autoprotección**: documento que incluye las medidas y procedimientos a seguir en caso de una emergencia dentro de la empresa, como incendios, explosiones o derrames de sustancias peligrosas.

▶ **Protección colectiva**: conjunto de medidas preventivas que se aplican para proteger a todos los trabajadores simultáneamente. Ejemplos: barandillas, sistemas de ventilación, señalización de seguridad.

▶ **Protección individual**: medidas destinadas a proteger al trabajador de forma individual mediante el uso de Equipos de Protección Individual (EPI), cuando las medidas de protección colectiva no son suficientes para eliminar el riesgo.

▶ **Riesgo laboral**: posibilidad de que un trabajador sufra un accidente o enfermedad profesional debido a la exposición a factores de riesgo presentes en su entorno de trabajo.

▶ **Salud laboral**: estado de bienestar físico, mental y social de los trabajadores en relación con su entorno de trabajo. La prevención de riesgos busca garantizar la salud laboral.

▶ **Señalización de seguridad**: conjunto de señales que advierten, informan o guían a los trabajadores en cuanto a los riesgos presentes en el lugar de trabajo y las medidas de seguridad que deben adoptar.

▶ **Sistema de ventilación**: mecanismo instalado en las áreas de trabajo para asegurar la renovación y purificación del aire, con el fin de evitar la acumulación de contaminantes y proteger la salud de los trabajadores.

▶ **Vigilancia de la salud**: conjunto de medidas que se implementan para evaluar y controlar el estado de salud de los trabajadores, con el objetivo de detectar de forma temprana posibles enfermedades profesionales y prevenir su progresión.

▶ **Simulacro de emergencia**: ejercicio práctico realizado de forma periódica para que los trabajadores se familiaricen con los procedimientos de evacuación y actuación en caso de situaciones de emergencia.

- ▼ **Condiciones ergonómicas**: conjunto de factores que afectan la postura, los movimientos repetitivos y la carga física del trabajador, y que pueden generar problemas musculoesqueléticos si no se ajustan adecuadamente al cuerpo humano.

- ▼ **Riesgos psicosociales**: factores relacionados con la organización del trabajo, el ambiente laboral o las relaciones interpersonales que pueden afectar la salud mental y emocional de los trabajadores, como el estrés o el acoso laboral.

1. **¿Qué se entiende por 'riesgo profesional'?**

   a) Una enfermedad contagiosa.

   b) Una exposición prolongada a productos químicos.

   c) La probabilidad de que un trabajador sufra un accidente o enfermedad relacionado con su trabajo.

   d) Una multa impuesta por incumplir la normativa.

Respuesta correcta: c) La probabilidad de que un trabajador sufra un accidente o enfermedad relacionado con su trabajo.

2. **¿Cuál de los siguientes NO es un factor de riesgo?**

   a) Condiciones físicas inadecuadas en el lugar de trabajo.

   b) Estrés laboral.

   c) Uso de equipo de protección individual.

   d) Exposición a agentes químicos.

Respuesta correcta: c) Uso de equipo de protección individual.

3. ¿Cuál es la diferencia entre un accidente de trabajo y una enfermedad profesional?

a) Un accidente de trabajo ocurre dentro de la empresa y una enfermedad profesional fuera de ella.

b) Un accidente de trabajo es un hecho súbito y una enfermedad profesional es consecuencia de una exposición prolongada a un riesgo.

c) Ambos términos son sinónimos.

d) Las enfermedades profesionales solo se aplican en trabajos de oficina.

Respuesta correcta: b) Un accidente de trabajo es un hecho súbito y una enfermedad profesional es consecuencia de una exposición prolongada a un riesgo.

4. ¿Cuál es uno de los objetivos principales de la prevención de riesgos laborales?

a) Reducir la productividad.

b) Garantizar el bienestar físico, mental y social de los trabajadores.

c) Evitar la inspección de trabajo.

d) Promover el uso de multas por incumplimientos.

Respuesta correcta: b) Garantizar el bienestar físico, mental y social de los trabajadores.

5. ¿Cuál es el primer paso en la evaluación de riesgos?

a) Tomar medidas correctivas.

b) Identificar los peligros presentes en el entorno de trabajo.

c) Formar a los trabajadores.

d) Implementar un plan de emergencia.

Respuesta correcta: b) Identificar los peligros presentes en el entorno de trabajo.

6. ¿Qué objetivo persigue la evaluación de riesgos?

a) Identificar y priorizar los riesgos laborales.

b) Aumentar la carga de trabajo.

c) Eliminar el uso de Equipos de Protección Individual (EPI).

d) Incrementar la productividad sin control de riesgos.

Respuesta correcta: a) Identificar y priorizar los riesgos laborales.

7. ¿Qué significa la gestión de condiciones de seguridad?

a) Reducir la cantidad de material de oficina.

b) Mantener el control de los factores de riesgo y prevenir incidentes.

c) Dejar que los trabajadores se protejan por su cuenta.

d) Sólo implementar medidas correctivas cuando hay un accidente.

Respuesta correcta: b) Mantener el control de los factores de riesgo y prevenir incidentes.

8. ¿Qué puede provocar una inadecuada ventilación en el entorno de trabajo?

a) Mejor productividad.

b) Lesiones musculoesqueléticas.

c) Exposición a contaminantes del aire y problemas respiratorios.

d) Descargas eléctricas.

Respuesta correcta: c) Exposición a contaminantes del aire y problemas respiratorios.

9. ¿Qué se debe hacer tras realizar la evaluación de riesgos en una empresa?

a) Descartar los riesgos menos graves.

b) Implementar medidas preventivas o correctivas según el riesgo identificado.

c) Informar solo a los supervisores.

d) Contratar más personal de forma inmediata.

Respuesta correcta: b) Implementar medidas preventivas o correctivas según el riesgo identificado.

10. ¿Qué organismo público es responsable de realizar inspecciones laborales para garantizar el cumplimiento de las normativas de seguridad?

a) Instituto Nacional de Seguridad y Salud en el Trabajo (INSST).

b) Inspección de Trabajo y Seguridad Social (ITSS).

c) Ministerio de Industria.

d) Las mutuas de accidentes laborales.

Respuesta correcta: b) Inspección de Trabajo y Seguridad Social (ITSS).

11. ¿Qué es un recurso preventivo?

a) Un trabajador encargado de realizar solo evaluaciones de riesgos.

b) Un trabajador designado para supervisar las actividades peligrosas y garantizar la correcta implementación de medidas preventivas.

c) Un equipo de maquinaria pesado usado en las fábricas.

a) Un tipo de seguro para accidentes.

Respuesta correcta: b) Un trabajador designado para supervisar las actividades peligrosas y garantizar la correcta implementación de medidas preventivas.

12.¿Qué organismos participan en la gestión de la prevención de riesgos laborales?

a) Solo las empresas.

b) Organismos nacionales, autonómicos y locales.

c) Solo el Instituto Nacional de Seguridad y Salud en el Trabajo (INSST).

d) Solo la Inspección de Trabajo y Seguridad Social (ITSS).

Respuesta correcta: b) Organismos nacionales, autonómicos y locales.

13.¿Qué función tienen las mutuas colaboradoras de la Seguridad Social en la prevención de riesgos laborales?

a) Asignar sanciones a las empresas.

b) Gestionar prestaciones por accidentes de trabajo y enfermedades profesionales, además de ofrecer asesoramiento preventivo.

c) Proveer formación exclusiva a los trabajadores.

d) Inspeccionar centros de trabajo.

Respuesta correcta: b) Gestionar prestaciones por accidentes de trabajo y enfermedades profesionales, además de ofrecer asesoramiento preventivo.

14.¿Cuál es uno de los beneficios de la gestión adecuada de la prevención de riesgos laborales?

a) Aumentar el estrés en los trabajadores.

b) Reducir el número de accidentes y enfermedades profesionales.

c) Evitar la aplicación de la normativa de prevención.

d) Aumentar el absentismo laboral.

Respuesta correcta: b) Reducir el número de accidentes y enfermedades profesionales.

15.¿Qué significa el término RCP-CAB en primeros auxilios?

a) Compresiones, Apertura de la vía aérea y Respiración.

b) Control, Apertura de la vía aérea y Bloqueo.

c) Rescate, Control y Protección.

d) Resucitación, Control de fracturas y Aspiración.

Respuesta correcta: a) Compresiones, Apertura de la vía aérea y Respiración.

16.¿Cuál es la profundidad recomendada para las compresiones torácicas en la RCP en adultos?

a) 2 a 3 centímetros.

b) 5 a 6 centímetros.

c) 7 a 8 centímetros.

d) 1 a 2 centímetros.

Respuesta correcta: b) 5 a 6 centímetros.

17.¿Cuándo debe detenerse la reanimación cardiopulmonar (RCP)?

a) Cuando la víctima recupera el pulso o la respiración.

b) Al llegar el equipo de emergencia.

c) Cuando el socorrista está físicamente agotado.

d) Todas las anteriores.

Respuesta correcta: d) Todas las anteriores.

18.¿Cuál es el objetivo principal de los primeros auxilios?

   a) Diagnosticar la enfermedad del paciente.

   b) Evitar que el paciente empeore antes de recibir atención médica profesional.

   c) Esperar a que llegue la ambulancia.

   d) Disminuir el tiempo de recuperación del paciente.

Respuesta correcta: b) Evitar que el paciente empeore antes de recibir atención médica profesional.

19.¿Qué debe hacer un socorrista si detecta una hemorragia intensa en una víctima?

   a) Ignorarla y seguir con la RCP.

   b) Aplicar presión directa sobre la herida para detener la hemorragia.

   c) Mover a la víctima de inmediato.

   d) Pedir a la víctima que se levante y busque ayuda médica.

Respuesta correcta: b) Aplicar presión directa sobre la herida para detener la hemorragia.

20.¿Cuál es el principal riesgo en el sector de la construcción?

   a) Manipulación de productos químicos.

   b) Trabajos en altura.

   c) Exposición a virus.

   d) Estrés laboral.

Respuesta correcta: b) Trabajos en altura.

21.¿Cuál es un riesgo común en el sector sanitario?

a) Exposición a altas temperaturas.

b) Exposición a agentes biológicos como virus y bacterias.

c) Uso de maquinaria pesada.

d) Riesgo de electrocutarse.

Respuesta correcta: b) Exposición a agentes biológicos como virus y bacterias.

22.¿Qué medida preventiva es clave para evitar caídas al mismo nivel en entornos laborales?

a) Usar ropa reflectante.

b) Mantener los suelos limpios y secos.

c) Proporcionar formación sobre primeros auxilios.

d) Incrementar la carga de trabajo.

Respuesta correcta: b) Mantener los suelos limpios y secos.

23.¿Qué tipo de equipo de protección es necesario en un entorno con riesgo de caída de objetos?

a) Guantes de protección.

b) Cascos de seguridad.

c) Mascarillas.

d) Arnés de seguridad.

Respuesta correcta: b) Cascos de seguridad.

24.¿Qué significa protección colectiva?

a) Medidas que protegen individualmente a cada trabajador.

b) Medidas que eliminan los riesgos en la fuente y protegen simultáneamente a todos los trabajadores.

c) Uso de guantes y cascos en el lugar de trabajo.

d) Realización de evaluaciones de riesgos individuales.

Respuesta correcta: b) Medidas que eliminan los riesgos en la fuente y protegen simultáneamente a todos los trabajadores.

25.¿Qué riesgo está más asociado a la exposición a vibraciones en el trabajo?

a) Lesiones musculoesqueléticas.

b) Quemaduras.

c) Pérdida de audición.

d) Problemas respiratorios.

Respuesta correcta: a) Lesiones musculoesqueléticas.

SÍGUENOS EN INSTAGRAM Y ACCEDE GRATIS A NUESTRA BIBLIOTECA DIGITAL DURANTE 30 DÍAS.

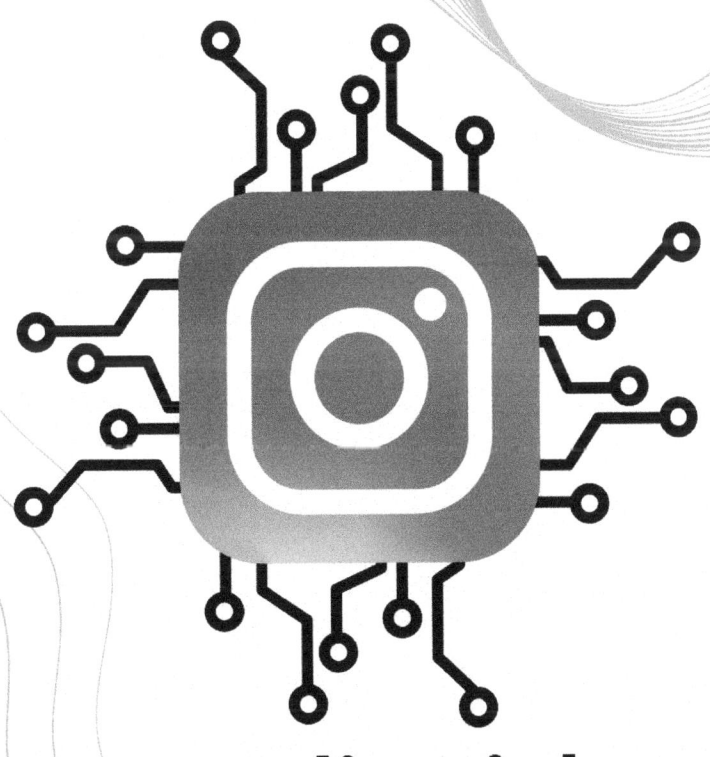

@grupoeditorialrama

¡ENVIANOS TU MAIL POR PRIVADO!

Grupo Editorial
ra-ma

40 ANIVERSARIO